आकाशदीप
(कहानी संग्रह)

LECTOR HOUSE PUBLIC DOMAIN WORKS

आकाशदीप
(कहानी संग्रह)

जयशंकर प्रसाद

ISBN: 978-93-90112-08-1

Published: -

© 2020

LECTOR HOUSE LLP

LECTOR HOUSE LLP
E-MAIL: lectorpublishing@gmail.com

आकाशदीप
(कहानी संग्रह)

जयशंकर प्रसाद

अनुक्रम

आकाशदीप
(कहानी संग्रह)

आकाशदीप

१

"बन्दी!"

"क्या है? सोने दो।"

"मुक्त होना चाहते हो?"

"अभी नहीं, निद्रा खुलने पर, चुप रहो।"

"फिर अवसर न मिलेगा।"

"बड़ा शीत है, कहीं से एक कम्बल डालकर कोई शीत से मुक्त करता।"

"आँधी की सम्भावना है। यही अवसर है। आज मेरे बन्धन शिथिल हैं।"

"तो क्या तुम भी बन्दी हो?"

"हाँ, धीरे बोलो, इस नाव पर केवल दस नाविक और प्रहरी हैं।"

"शस्त्र मिलेगा?"

"मिल जायगा। पोत से सम्बद्ध रज्जु काट सकोगे?"

"हाँ।"

समुद्र में हिलोरें उठने लगीं। दोनों बन्दी आपस में टकराने लगे। पहले बन्दी ने अपने को स्वतन्त्र कर लिया। दूसरे का बन्धन खोलने का प्रयत्न करने लगा। लहरों के धक्के एक-दूसरे को स्पर्श से पुलकित कर रहे थे। मुक्ति की आशा-स्नेह का असम्भावित आलिंगन। दोनों ही अन्धकार में मुक्त हो गये। दूसरे बन्दी ने हर्षातिरेक से उसको गले से लगा लिया। सहसा उस बन्दी ने कहा-"यह क्या? तुम स्त्री हो?"

"क्या स्त्री होना कोई पाप है?"-अपने को अलग करते हुए स्त्री ने कहा।

"शस्त्र कहाँ है-तुम्हारा नाम?"

"चम्पा।"

तारक-खचित नील अम्बर और समुद्र के अवकाश में पवन ऊधम मचा रहा था। अन्धकार से मिलकर पवन दुष्ट हो रहा था। समुद्र में आन्दोलन था। नौका लहरों में विकल थी। स्त्री सतर्कता से लुढ़कने लगी। एक मतवाले नाविक के शरीर से टकराती हुई सावधानी से उसका कृपाण निकालकर, फिर लुढ़कते हुए, बन्दी के समीप पहुँच गई। सहसा पोत से पथ-प्रदर्शक ने चिल्लाकर कहा-"आँधी!"

आपत्ति-सूचक तूर्य बजने लगा। सब सावधान होने लगे। बन्दी युवक उसी तरह पड़ा रहा। किसी ने रस्सी पकड़ी, कोई पाल खोल रहा था। पर युवक बन्दी ढुलक कर उस रज्जु के पास पहुँचा, जो पोत से संलग्न थी। तारे ढँक गये। तरंगें उद्वेलित हुईं, समुद्र गरजने लगा। भीषण आँधी, पिशाचिनी के

समान नाव को अपने हाथों में लेकर कन्दक-क्रीड़ा और अट्टहास करने लगी।

एक झटके के साथ ही नाव स्वतन्त्र थी। उस संकट में भी दोनों बन्दी खिलखिला कर हँस पड़े। आँधी के हाहाकार में उसे कोई न सुन सका।

२

अनन्त जलनिधि में ऊषा का मधुर आलोक फूट उठा। सुनहली किरणों और लहरों की कोमल सृष्टि मुस्कराने लगी। सागर शान्त था। नाविकों ने देखा, पोत का पता नहीं। बन्दी मुक्त हैं।

नायक ने कहा-"बुधगुप्त! तुमको मुक्त किसने किया?"

कृपाण दिखाकर बुधगुप्त ने कहा-"इसने।"

नायक ने कहा-"तो तुम्हें फिर बन्दी बनाऊँगा।"

"किसके लिये? पोताध्यक्ष मणिभद्र अतल जल में होगा-नायक! अब इस नौका का स्वामी मैं हूँ।"

"तुम? जलदस्यु बुधगुप्त? कदापि नहीं।"-चौंक कर नायक ने कहा और अपना कृपाण टटोलने लगा! चम्पा ने इसके पहले उस पर अधिकार कर लिया था। वह क्रोध से उछल पड़ा।

"तो तुम द्वंद्वयुद्ध के लिये प्रस्तुत हो जाओ; जो विजयी होगा, वह स्वामी होगा।"-इतना कहकर बुधगुप्त ने कृपाण देने का संकेत किया। चम्पा ने कृपाण नायक के हाथ में दे दिया।

भीषण घात-प्रतिघात आरम्भ हुआ। दोनों कुशल, दोनों त्वरित गतिवाले थे। बड़ी निपुणता से बुधगुप्त ने अपना कृपाण दाँतों से पकड़कर अपने दोनों हाथ स्वतन्त्र कर लिये। चम्पा भय और विस्मय से देखने लगी। नाविक प्रसन्न हो गये। परन्तु बुधगुप्त ने लाघव से नायक का कृपाण वाला हाथ पकड़ लिया और विकट हुंकार से दूसरा हाथ कटि में डाल, उसे गिरा दिया। दूसरे ही क्षण प्रभात की किरणों में बुधगुप्त का विजयी कृपाण हाथों में चमक उठा। नायक की कातर आँखें प्राण-भिक्षा माँगने लगीं।

बुधगुप्त ने कहा-"बोलो, अब स्वीकार है कि नहीं?"

"मैं अनुचर हूँ, वरुणदेव की शपथ। मैं विश्वासघात नहीं करूँगा।" बुधगुप्त ने उसे छोड़ दिया।

चम्पा ने युवक जलदस्यु के समीप आकर उसके क्षतों को अपनी स्निग्ध दृष्टि और कोमल करों से वेदना विहीन कर दिया। बुधगुप्त के सुगठित शरीर पर रक्त-बिन्द विजय-तिलक कर रहे थे।

विश्राम लेकर बुधगुप्त ने पूछा "हम लोग कहाँ होंगे?"

"बालीद्वीप से बहुत दूर, सम्भवत: एक नवीन द्वीप के पास, जिसमें अभी हम लोगों का बहुत कम आना-जाना होता है। सिंहल के वणिकों का वहाँ प्राधान्य है।"

"कितने दिनों में हम लोग वहाँ पहुँचेंगे?"

"अनुकूल पवन मिलने पर दो दिन में। तब तक के लिये खाद्य का अभाव न होगा।"

सहसा नायक ने नाविकों को डाँड़ लगाने की आज्ञा दी, और स्वयं पतवार पकड़कर बैठ गया। बुधगुप्त के पूछने पर उसने कहा-"यहाँ एक जलमग्न शैलखण्ड है। सावधान न रहने से नाव टकराने का भय है।"

३

"तुम्हें इन लोगों ने बन्दी क्यों बनाया?"

"वणिक् मणिभद्र की पाप-वासना ने।"

"तुम्हारा घर कहाँ है?"

"जाह्नवी के तट पर। चम्पा-नगरी की एक क्षत्रिय बालिका हूँ। पिता इसी मणिभद्र के यहाँ प्रहरी का काम करते थे। माता का देहावसान हो जाने पर मैं भी पिता के साथ नाव पर ही रहने लगी। आठ बरस से समुद्र ही मेरा घर है। तुम्हारे आक्रमण के समय मेरे पिता ने ही सात दस्युओं को मारकर जल-समाधि ली। एक मास हुआ, मैं इस नील नभ के नीचे, नील जलनिधि के ऊपर, एक भयानक अनन्तता में निस्सहाय हूँ-अनाथ हूँ। मणिभद्र ने मुझसे एक दिन घृणित प्रस्ताव किया। मैंने उसे गालियाँ सुनाईं। उसी दिन से बन्दी बना दी गई।"-चम्पा रोष से जल रही थी।

"मैं भी ताम्रलिप्ति का एक क्षत्रिय हूँ, चम्पा! परन्तु दुर्भाग्य से जलदस्यु बन कर जीवन बिताता हूँ। अब तुम क्या करोगी?"

"मैं अपने अदृष्ट को अनिर्दिष्ट ही रहने दूँगी। वह जहाँ ले जाय।" -चम्पा की आँखें निस्सीम प्रदेश में निरुद्देश्य थी। किसी आकांक्षा के लाल डोरे न थे। धवल अपांगों में बालकों के सदृश विश्वास था। हत्या-व्यवसायी दस्यु भी उसे देखकर काँप गया। उसके मन में एक सम्भ्रमपूर्ण श्रद्धा यौवन की पहली लहरों को जगाने लगी। समुद्र-वक्ष पर विलम्बमयी राग-रञ्जित सन्ध्या थिरकने लगी। चम्पा के असंयत कुन्तल उसकी पीठ पर बिखरे थे। दुर्दान्त दस्यु ने देखा , अपनी महिमा में अलौकिक एक तरुण बालिका! वह विस्मय से अपने हृदय को टटोलने लगा। उसे एक नई वस्तु का पता चला। वह थी-कोमलता!

उसी समय नायक ने कहा-"हम लोग द्वीप के पास पहुँच गये।"

बेला से नाव टकराई। चम्पा निर्भीकता से कूद पड़ी। माँझी भी उतरे। बुधगुप्त ने कहा-"जब इसका कोई नाम नहीं है, तो हम लोग इसे चम्पा-द्वीप कहेंगे।"

चम्पा हँस पड़ी।

४

पाँच बरस बाद- शरद के धवल नक्षत्र नील गगन में झलमला रहे थे। चन्द्र की उज्ज्वल विजय पर अन्तरिक्ष में शरदलक्ष्मी ने आशीर्वाद के फूलों और खीलों को बिखेर दिया।

चम्पा के एक उच्चसौध पर बैठी हुई तरुणी चम्पा दीपक जला रही थी। बड़े यत्न से अभ्रक की मञ्जूषा में दीप धरकर उसने अपनी सुकुमार उँगलियों से डोरी खींची। वह दीपाधार ऊपर चढ़ने लगा। भोली-भोली आँखें उसे ऊपर चढ़ते बड़े हर्ष से देख रही थीं। डोरी धीरे-धीरे खींची गई। चम्पा की कामना थी कि उसका आकाश-दीप नक्षत्रों से हिलमिल जाय; किन्तु वैसा होना असम्भव था। उसने आशाभरी आँखें फिरा लीं।

सामने जल-राशि का रजत श्रृंगार था। वरुण बालिकाओं के लिए लहरों से हीरे और नीलम की क्रीड़ा शैल-मालायें बन रही थीं-और वे मायाविनी छलनायें-अपनी हँसी का कलनाद छोड़कर छिप जाती थीं। दूर-दूर से धीवरों का वंशी-झनकार उनके संगीत-सा मुखरित होता था। चम्पा ने देखा कि तरल संकुल जल-राशि में उसके कण्डील का प्रतिबिम्ब अस्तव्यस्त था! वह अपनी पूर्णता के लिए सैकड़ों चक्कर काटता था। वह अनमनी होकर उठ खड़ी हुई। किसी को पास न देखकर पुकारा-"जया!"

एक श्यामा युवती सामने आकर खड़ी हुई। वह जंगली थी। नील नभोमण्डल-से मुख में शुद्ध नक्षत्रों की पंक्ति के समान उसके दाँत हँसते ही रहते। वह चम्पा को रानी कहती; बुधगुप्त की आज्ञा थी।

"महानाविक कब तक आवेंगे, बाहर पूछो तो।" चम्पा ने कहा। जया चली गई।

दूरागत पवन चम्पा के अञ्चल में विश्राम लेना चाहता था। उसके हृदय में गुदगुदी हो रही थी। आज न जाने क्यों वह बेसुध थी। वह दीर्घकाल वृढ़ पुरुष ने उसकी पीठ पर हाथ रख चमत्कृत कर दिया। उसने फिरकर कहा-"बुधगुप्त!"

"बावली हो क्या? यहाँ बैठी हुई अभी तक दीप जला रही हो, तुम्हें यह काम करना है?"

"क्षीरनिधिशायी अनन्त की प्रसन्नता के लिए क्या दासियों से आकाश-दीप जलवाऊँ?"

"हँसी आती है। तुम किसको दीप जलाकर पथ दिखलाना चाहती हो? उसको, जिसको तुमने भगवान् मान लिया है?"

"हाँ, वह भी कभी भटकते हैं, भूलते हैं, नहीं तो, बुधगुप्त को इतना ऐश्वर्य क्यों देते?"

"तो बुरा क्या हुआ, इस द्वीप की अधीश्वरी चम्पारानी!"

"मुझे इस बन्दीगृह से मुक्त करो। अब तो बाली, जावा और सुमात्रा का वाणिज्य केवल तुम्हारे ही अधिकार में है महानाविक! परन्तु मुझे उन दिनों की स्मृति सुहावनी लगती है, जब तुम्हारे पास एक ही नाव थी और चम्पा के उपकूल में पण्य लाद कर हम लोग सुखी जीवन बिताते थे-इस जल में अगणित बार हम लोगों की तरी आलोकमय प्रभात में तारिकाओं की मधुर ज्योति में-थिरकती थी। बुधगुप्त! उस विजन अनन्त में जब माँझी सो जाते थे, दीपक बुझ जाते थे, हम-तुम परिश्रम से थककर पालों में शरीर लपेटकर एक-दूसरे का मुँह क्यों देखते थे? वह नक्षत्रों की मधुर छाया....."

"तो चम्पा! अब उससे भी अच्छे ढंग से हम लोग विचर सकते हैं। तुम मेरी प्राणदात्री हो, मेरी सर्वस्व हो।"

"नहीं-नहीं, तुमने दस्युवृत्ति छोड़ दी परन्तु हृदय वैसा ही अकरुण, सतृष्ण और ज्वलनशील है। तुम भगवान के नाम पर हँसी उड़ाते हो। मेरे आकाश-दीप पर व्यंग कर रहे हो। नाविक! उस प्रचण्ड आँधी में प्रकाश की एक-एक किरण के लिए हम लोग कितने व्याकुल थे। मुझे स्मरण है, जब मैं छोटी थी, मेरे पिता नौकरी पर समुद्र में जाते थे-मेरी माता, मिट्टी का दीपक बाँस की पिटारी में भागीरथी के तट पर बाँस के साथ ऊँचे टाँग देती थी। उस समय वह प्रार्थना करती-'भगवान! मेरे पथ-भ्रष्ट नाविक को अन्धकार में ठीक पथ पर ले चलना।' और जब मेरे पिता बरसों पर लौटते तो कहते-'साध्वी! तेरी प्रार्थना से भगवान ने संकटों में मेरी रक्षा की है।' वह गद्गद हो जाती। मेरी माँ? आह नाविक! यह उसी की पुण्य-स्मृति है। मेरे पिता, वीर पिता की मृत्यु के निष्ठुर कारण, जलदस्यु! हट जाओ।"-सहसा चम्पा का मुख क्रोध से भीषण होकर रंग बदलने लगा। महानाविक ने कभी यह रूप न देखा था। वह ठठाकर हँस पड़ा।

"यह क्या, चम्पा? तुम अस्वस्थ हो जाओगी, सो रहो।"-कहता हुआ चला गया। चम्पा मुट्ठी बाँधे उन्मादिनी-सी घूमती रही।

५

निर्जन समुद्र के उपकूल में वेला से टकरा कर लहरें बिखर जाती थीं। पश्चिम का पथिक थक गया था। उसका मुख पीला पड़ गया। अपनी शान्त गम्भीर हलचल में जलनिधि विचार में निमग्न था। वह जैसे प्रकाश की उन्मलिन किरणों से विरक्त था।

चम्पा और जया धीरे-धीरे उस तट पर आकर खड़ी हो गईं। तरंग से उठते हुए पवन ने उनके वसन को अस्त-व्यस्त कर दिया। जया के संकेत से एक छोटी-सी नौका आई। दोनों के उस पर बैठते ही नाविक उतर गया। जया नाव खेने लगी। चम्पा मुग्ध-सी समुद्र के उदास वातावरण में अपने को मिश्रित कर देना चाहती थी।

"इतना जल! इतनी शीतलता! हृदय की प्यास न बुझी। पी सकूँगी? नहीं! तो जैसे वेला में चोट खाकर सिन्धु चिल्ला उठता है, उसी के समान रोदन करूँ? या जलते हुए स्वर्ण-गोलक सदृश अनन्त जल में डूब कर बुझ जाऊँ?"-चम्पा के देखते-देखते पीड़ा और ज्वलन से आरक्त बिम्ब धीरे-धीरे सिन्धु में चौथाई-आधा, फिर सम्पूर्ण विलीन हो गया। एक दीर्घ निश्वास लेकर चम्पा ने मुँह फेर लिया। देखा, तो महानाविक का बजरा उसके पास है। बुधगुप्त ने झुक कर हाथ बढ़ाया। चम्पा उसके सहारे बजरे पर चढ़ गयी। दोनों पास-पास बैठ गये।

"इतनी छोटी नाव पर इधर घूमना ठीक नहीं। पास ही वह जलमग्न शैल खण्ड है। कहीं नाव टकरा जाती या ऊपर चढ़ जाती, चम्पा तो?"

"अच्छा होता, बुधगुप्त! जल में बन्दी होना कठोर प्राचीरों से तो अच्छा है।"

आह चम्पा, तुम कितनी निर्दय हो! बुधगुप्त को आज्ञा देकर देखो तो, वह क्या नहीं कर सकता। जो तुम्हारे लिये नये द्वीप की सृष्टि कर सकता है, नई प्रजा खोज सकता है, नये राज्य बना सकता है, उसकी परीक्षा लेकर देखो तो....। कहो, चम्पा! वह कृपाण से अपना हृदय-पिण्ड निकाल अपने हाथों अतल जल में विसर्जन कर दे।"-महानाविक-जिसके नाम से बाली, जावा और चम्पा का आकाश गूँजता था, पवन थर्राता था-घुटनों के बल चम्पा के सामने छलछलाई आँखों से बैठा था।

सामने शैलमाला की चोटी पर हरियाली में विस्तृत जल-देश में, नील पिंगल सन्ध्या, प्रकृति की सहृदय कल्पना, विश्राम की शीतल छाया, स्वप्नलोक का सृजन करने लगी। उस मोहिनी के रहस्यपूर्ण नीलजल का कुहक स्फुट हो उठा। जैसे मदिरा से सारा अन्तरिक्ष सिक्त हो गया। सृष्टि नील कमलों में भर उठी। उस सौरभ से पागल चम्पा ने बुधगुप्त के दोनों हाथ पकड़ लिये। वहाँ एक आलिंगन हुआ, जैसे क्षितिज में आकाश और सिन्धु का। किन्तु उस परिरम्भ में सहसा चैतन्य होकर चम्पा ने अपनी कंचुकी से एक कृपाण निकाल लिया।

"बुधगुप्त! आज मैं अपने प्रतिशोध का कृपाण अतल जल में डुबा देती हूँ। हृदय ने छल किया, बार-बार धोखा दिया!"-चमककर वह कृपाण समुद्र का हृदय बेधता हुआ विलीन हो गया।

"तो आज से मैं विश्वास करूँ, क्षमा कर दिया गया?"-आश्चर्यचकित कम्पित कण्ठ से महानाविक ने पूछा।

'विश्वास? कदापि नहीं, बुधगुप्त ! जब मैं अपने हृदय पर विश्वास नहीं कर सकी, उसी ने धोखा दिया, तब मैं कैसे कहूँ? मैं तुम्हें घृणा करती हूँ, फिर भी तुम्हारे लिए मर सकती हूँ। अंधेर है जलदस्यु। तुम्हें प्यार करती हूँ।" चम्पा रो पड़ी।

वह स्वप्नों की रंगीन सन्ध्या, तम से अपनी आँखें बन्द करने लगी थी। दीर्घ निश्वास लेकर महानाविक ने कहा-"इस जीवन की पुण्यतम घड़ी की स्मृति में एक प्रकाश-गृह बनाऊँगा, चम्पा! चम्पा यहीं उस पहाड़ी पर। सम्भव है कि मेरे जीवन की धुंधली सन्ध्या उससे आलोकपूर्ण हो जाय।"

६

चम्पा के दूसरे भाग में एक मनोरम शैलमाला थी। वह बहुत दूर तक सिन्धु-जल में निमग्न थी। सागर का चञ्चल जल उस पर उछलता हुआ उसे छिपाये था। आज उसी शैलमाला पर चम्पा के आदि-निवासियों का समारोह था। उन सबों ने चम्पा को वनदेवी-सा सजाया था। ताम्रलिप्ति के बहुत से सैनिक नाविकों की श्रेणी में वन-कुसुम-विभूषिता चम्पा शिविकारूढ़ होकर जा रही थी।

शैल के एक उँचे शिखर पर चम्पा के नाविकों को सावधान करने के लिए सुदृढ़ दीप-स्तम्भ बनवाया गया था। आज उसी का महोत्सव है। बुधगुप्त स्तम्भ के द्वार पर खड़ा था। शिविका से सहायता देकर चम्पा को उसने उतारा। दोनों ने भीतर पदार्पण किया था कि बाँसुरी और ढोल बजने

लगे। पंक्तियों में कुसुम-भूषण से सजी वन-बालाएँ फूल उछालती हुई नाचने लगीं।

दीप-स्तम्भ की ऊपरी खिड़की से यह देखती हुई चम्पा ने जया से पूछा-"यह क्या है जया? इतनी बालिकाएँ कहाँ से बटोर लाईं?"

"आज रानी का ब्याह है न?"-कह कर जया ने हँस दिया।

बुधगुप्त विस्तृत जलनिधि की ओर देख रहा था। उसे झकझोर कर चम्पा ने पूछा-"क्या यह सच है?"

"यदि तुम्हारी इच्छा हो, तो यह सच भी हो सकता है, चम्पा! "कितने वर्षों से मैं ज्वालामुखी को अपनी छाती में दबाये हूँ।

"चुप रहो, महानाविक ! क्या मुझे निस्सहाय और कंगाल जानकर तुमने आज सब प्रतिशोध लेना चाहा?"

"मैं तुम्हारे पिता का घातक नहीं हूँ, चम्पा! वह एक दूसरे दस्यु के शस्त्र से मरे।"

"यदि मैं इसका विश्वास कर सकती। बुधगुप्त, वह दिन कितना सुन्दर होता, वह क्षण कितना स्पृहणीय! आह! तुम इस निष्ठुरता में भी कितने महान होते।"

जया नीचे चली गई थी। स्तम्भ के संकीर्ण प्रकोष्ठ में बुधगुप्त और चम्पा एकान्त में एक दूसरे के सामने बैठे थे।

बुधगुप्त ने चम्पा के पैर पकड़ लिये। उच्छ्वसित शब्दों में वह कहने लगा-चम्पा, हम लोग जन्मभूमि-भारतवर्ष से कितनी दूर इन निरीह प्राणियों में इन्द्र और शची के समान पूजित हैं। पर न जाने कौन अभिशाप हम लोगों को अभी तक अलग किये है। स्मरण होता है वह दार्शनिकों का देश! वह महिमा की प्रतिमा! मुझे वह स्मृति नित्य आकर्षित करती है; परन्तु मैं क्यों नहीं जाता? जानती हो, इतना महत्त्व प्राप्त करने पर भी मैं कंगाल हूँ! मेरा पत्थर-सा हृदय एक दिन सहसा तुम्हारे स्पर्श से चन्द्रकान्तमणि की तरह द्रवित हुआ।

"चम्पा! मैं ईश्वर को नहीं मानता, मैं पाप को नहीं मानता, मैं दया को नहीं समझ सकता, मैं उस लोक में विश्वास नहीं करता। पर मुझे अपने हृदय के एक दुर्बल अंश पर श्रद्धा हो चली है। तुम न जाने कैसे एक बहकी हुई तारिका के समान मेरे शून्य में उदित हो गई हो। आलोक की एक कोमल रेखा इस निविड़तम में मुस्कराने लगी। पशु-बल और धन के उपासक के मन में किसी शान्त और एकान्त कामना की हँसी खिलखिलाने लगी; पर मैं न हँस सका!

"चलोगी चम्पा? पोतवाहिनी पर असंख्य धनराशि लाद कर राजरानी-सी जन्मभूमि के अंक में? आज हमारा परिणय हो, कल ही हम लोग भारत के लिए प्रस्थान करें। महानाविक बुधगुप्त की आज्ञा सिन्धु की लहरें मानती हैं। वे स्वयं उस पोत-पुञ्ज को दक्षिण पवन के समान भारत में पहुँचा देंगी। आह चम्पा! चलो।"

चम्पा ने उसके हाथ पकड़ लिये। किसी आकस्मिक झटके ने एक पलभर के लिए दोनों के अधरों को मिला दिया। सहसा चैतन्य होकर चम्पा ने कहा-"बुधगुप्त! मेरे लिए सब भूमि मिट्टी है; सब जल तरल है; सब पवन शीतल है। कोई विशेष आकांक्षा हृदय में अग्नि के समान प्रज्वलित नहीं। सब मिलाकर मेरे लिए एक शून्य है। प्रिय नाविक! तुम स्वदेश लौट जाओ, विभवों का सुख भोगने के लिए, और मुझे, छोड़ दो इन निरीह भोले-भाले प्राणियों के दुःख की सहानुभूति और सेवा के लिए।"

"तब मैं अवश्य चला जाऊँगा, चम्पा! यहाँ रहकर मैं अपने हृदय पर अधिकार रख सकूँ-इसमें सन्देह है। आह! उन लहरों में मेरा विनाश हो जाय।"- महानाविक के उच्छ्वास में विकलता थी। फिर उसने पूछा-"तुम अकेली यहाँ क्या करोगी?"

"पहले विचार था कि कभी-कभी इस दीप-स्तम्भ पर से आलोक जला कर अपने पिता की समाधि का इस जल से अन्वेषण करूँगी। किन्तु देखती हूँ, मुझे भी इसी में जलना होगा, जैसे आकाश-दीप।"

७

एक दिन स्वर्ण-रहस्य के प्रभात में चम्पा ने अपने दीप-स्तम्भ पर से देखा-सामुद्रिक नावों की एक श्रेणी चम्पा का उपकूल छोड़कर पश्चिम-उत्तर की ओर महा जल-व्याल के समान सन्तरण कर रही है। उसकी आँखों से आँसू बहने लगे।

यह कितनी ही शताब्दियों पहले की कथा है। चम्पा आजीवन उस दीप-स्तम्भ में आलोक जलाती रही। किन्तु उसके बाद भी बहुत दिन, दीपनिवासी, उस माया-ममता और स्नेह-सेवा की देवी की समाधि-सदृश पूजा करते थे।

एक दिन काल के कठोर हाथों ने उसे भी अपनी चञ्चलता से गिरा दिया।

ममता

१

रोहतास-दुर्ग के प्रकोष्ठ में बैठी हुई युवती ममता, शोण के तीक्ष्ण गम्भीर प्रवाह को देख रही है। ममता विधवा थी। उसका यौवन शोण के समान ही उमड़ रहा था। मन में वेदना, मस्तक में आँधी, आँखों में पानी की बरसात लिये, वह सुख के कण्टक-शयन में विकल थी। वह रोहतास-दुर्गपति के मन्त्री चूड़ामणि की अकेली दुहिता थी, फिर उसके लिए कुछ अभाव होना असम्भव था, परन्तु वह विधवा थी-हिन्द-विधवा संसार में सबसे तुच्छ निराश्रय प्राणी है-तब उसकी विडम्बना का कहाँ अन्त था?

चूड़ामणि ने चुपचाप उसके प्रकोष्ठ में प्रवेश किया। शोण के प्रवाह में, उसके कल-नाद में अपना जीवन मिलाने में वह बेसुध थी। पिता का आना न जान सकी। चूड़ामणि व्यथित हो उठे। स्नेह-पालिता पुत्री के लिए क्या करें, यह स्थिर न कर सकते थे। लौटकर बाहर चले गये। ऐसा प्राय: होता, पर आज मन्त्री के मन में बड़ी दुश्चिन्ता थी। पैर सीधे न पड़ते थे।

एक पहर बीत जाने पर वे फिर ममता के पास आये। उस समय उनके पीछे दस सेवक चाँदी के बड़े थालों में कुछ लिये हुए खड़े थे; कितने ही मनुष्यों के पद-शब्द सुन ममता ने घूम कर देखा। मन्त्री ने सब थालों को रखने का संकेत किया। अनुचर थाल रखकर चले गये।

ममता ने पूछा-"यह क्या है, पिताजी?"

"तेरे लिये बेटी! उपहार है।"-कहकर चूड़ामणि ने उसका आवरण उलट दिया। स्वर्ण का पीलापन उस सुनहली सन्ध्या में विकीर्ण होने लगा। ममता चौंक उठी- "इतना स्वर्ण! यहा कहाँ से आया?"

"चुप रहो ममता, यह तुम्हारे लिये है!"

"तो क्या आपने म्लेच्छ का उत्कोच स्वीकार कर लिया? पिताजी यह अनर्थ है, अर्थ नहीं। लौटा दीजिये। पिताजी! हम लोग ब्राह्मण हैं, इतना सोना लेकर क्या करेंगे?"

"इस पतनोन्मुख प्राचीन सामन्त-वंश का अन्त समीप है, बेटी! किसी भी दिन शेरशाह रोहिताश्व पर अधिकार कर सकता है; उस दिन मन्त्रित्व न रहेगा, तब के लिए बेटी!"

"हे भगवान! तब के लिए! विपद के लिए! इतना आयोजन! परम पिता की इच्छा के विरुद्ध इतना साहस! पिताजी, क्या भीख न मिलेगी? क्या कोई हिन्द भू-पृष्ठ पर न बचा रह जायेगा, जो ब्राह्मण को दो मुट्ठी अन्न दे सके? यह असम्भव है। फेर दीजिए पिताजी, मैं काँप रही हूँ-इसकी चमक आँखों को अन्धा बना रही है।"

"मूर्ख है"-कहकर चूड़ामणि चले गये।

दूसरे दिन जब डोलियों का ताँता भीतर आ रहा था, ब्राह्मण-मन्त्री चूड़ामणि का हृदय धक-धक करने लगा। वह अपने को रोक न सका। उसने जाकर रोहिताश्व दुर्ग के तोरण पर डोलियों का आवरण खुलवाना चाहा। पठानों ने कहा- "यह महिलाओं का अपमान करना है।"

बात बढ़ गई। तलवारें खिंचीं, ब्राह्मण वहीं मारा गया और राजा-रानी और कोष सब छली शेरशाह के हाथ पड़े; निकल गई ममता। डोली में भरे हुए पठान-सैनिक दुर्ग भर में फैल गये, पर ममता न मिली।

२

काशी के उत्तर धर्मचक्र विहार, मौर्य और गुप्त सम्राटों की कीर्ति का खंडहर था। भग्न चूड़ा, तृण-गुल्मों से ढके हुए प्राचीर, ईंटों की ढेर में बिखरी हुई भारतीय शिल्प की विभूति, ग्रीष्म की चन्द्रिका में अपने को शीतल कर रही थी।

जहाँ पञ्चवर्गीय भिक्षु गौतम का उपदेश ग्रहण करने के लिए पहले मिले थे, उसी स्तूप के भग्नावशेष की मलिन छाया में एक झोपड़ी के दीपालोक में एक स्त्री पाठ कर रही थी-

"अनन्याश्चिन्तयन्तो मां ये जना: पर्युपासते ....."

पाठ रुक गया। एक भीषण और हताश आकृति दीप के मन्द प्रकाश में सामने खड़ी थी। स्त्री उठी, उसने कपाट बन्द करना चाहा। परन्तु उस व्यक्ति ने कहा-"माता! मुझे आश्रय चाहिये।"

"तुम कौन हो?"-स्त्री ने पूछा।

"मैं मुगल हूँ। चौसा-युद्ध में शेरशाह से विपन्न होकर रक्षा चाहता हूँ। इस रात अब आगे चलने में असमर्थ हूँ।"

"क्या शेरशाह से?"-स्त्री ने अपने ओठ काट लिये।

"हाँ, माता!"

"परन्तु तुम भी वैसे ही क्रूर हो, वही भीषण रक्त की प्यास, वही निष्ठुर प्रतिबिम्ब, तुम्हारे मुख पर भी है! सैनिक! मेरी कुटी में स्थान नहीं। जाओ, कहीं दूसरा आश्रय खोज लो।"

"गला सूख रहा है, साथी छूट गये हैं, अश्व गिर पड़ा है-इतना थका हुआ हूँ-इतना!"-कहते-कहते वह व्यक्ति धम-से बैठ गया और उसके सामने ब्रह्माण्ड घूमने लगा। स्त्री ने सोचा, यह विपत्ति कहाँ से आई! उसने जल दिया, मुगल के प्राणों की रक्षा हुई। वह सोचने लगी-"ये सब विधर्मी दया के पात्र नहीं-मेरे पिता का वध करने वाले आततायी!" घृणा से उसका मन विरक्त हो गया।

स्वस्थ होकर मुगल ने कहा-"माता! तो फिर मैं चला जाऊँ?"

स्त्री विचार कर रही थी-'मैं ब्राह्मणी हूँ, मुझे तो अपने धर्म-अतिथिदेव की उपासना-का पालन करना चाहिए। परन्तु यहाँ...नहीं-नहीं ये सब विधर्मी दया के पात्र नहीं। परन्तु यह दया तो नहीं .... कर्तव्य करना है। तब?"

मुगल अपनी तलवार टेककर खड़ा हुआ। ममता ने कहा-"क्या आश्चर्य है कि तुम भी छल करो; ठहरो।"

"छल! नहीं, तब नहीं-स्त्री! जाता हूँ, तैमूर का वंशधर स्त्री से छल करेगा? जाता हूँ। भाग्य का खेल है।"

ममता ने मन में कहा-"यहाँ कौन दुर्ग है! यही झोपड़ी न; जो चाहे ले-ले, मुझे तो अपना कर्तव्य करना पड़ेगा।" वह बाहर चली आई और मुगल से बोली-"जाओ भीतर, थके हुए भयभीत पथिक! तुम चाहे कोई हो, मैं तुम्हें आश्रय देती हूँ। मैं ब्राह्मण-कुमारी हूँ; सब अपना धर्म छोड़ दें,तो मैं भी क्यों छोड़ दूँ?" मुगल ने चन्द्रमा के मन्द प्रकाश में वह महिमामय मुखमण्डल देखा, उसने मन-ही-मन नमस्कार किया। ममता पास की टूटी हुई दीवारों में चली गई। भीतर, थके पथिक ने झोपड़ी में विश्राम किया।

प्रभात में खंडहर की सन्धि से ममता ने देखा, सैकड़ों अश्वारोही उस प्रान्त में घूम रहे हैं। वह अपनी मूर्खता पर अपने को कोसने लगी।

अब उस झोपड़ी से निकलकर उस पथिक ने कहा-"मिरजा! मैं यहाँ हूँ।"

शब्द सुनते ही प्रसन्नता की चीत्कार-ध्वनि से वह प्रान्त गूँज उठा। ममता अधिक भयभीत हुई। पथिक ने कहा-"वह स्त्री कहाँ है? उसे खोज निकालो।" ममता छिपने के लिए अधिक सचेष्ट हुई। वह मृग-दाव में चली गई। दिन-भर उसमें से न निकली। सन्ध्या में जब उन लोगों के जाने का उपक्रम हुआ, तो ममता ने सुना, पथिक घोड़े पर सवार होते हुए कह रहा है-"मिरजा! उस स्त्री को मैं कुछ दे न सका। उसका घर बनवा देना, क्योंकि मैंने विपत्ति में यहाँ विश्राम पाया था। यह स्थान भूलना मत।"-इसके बाद वे चले गये।

चौसा के मुगल-पठान-युद्ध को बहुत दिन बीत गये। ममता अब सत्तर वर्ष की वृद्धा है। वह अपनी झोपड़ी में एक दिन पड़ी थी। शीतकाल का प्रभात था। उसका जीर्ण-कंकाल खाँसी से गूँज रहा था। ममता की सेवा के लिये गाँव की दो-तीन स्त्रियाँ उसे घेर कर बैठी थीं; क्योंकि वह आजीवन सबके सुख-दुःख की समभागिनी रही।

ममता ने जल पीना चाहा, एक स्त्री ने सीपी से जल पिलाया। सहसा एक अश्वारोही उसी झोपड़ी के द्वार पर दिखाई पड़ा। वह अपनी धुन में कहने लगा-"मिरजा ने जो चित्र बनाकर दिया है, वह तो इसी जगह का होना चाहिये। वह बुढ़िया मर गई होगी, अब किससे पूछूँ कि एक दिन शाहंशाह हुमायूँ किस छप्पर के नीचे बैठे थे? यह घटना भी तो सैंतालीस वर्ष से ऊपर की हुई!"

ममता ने अपने विकल कानों से सुना। उसने पास की स्त्री से कहा-"उसे बुलाओ।"

अश्वारोही पास आया। ममता ने रुक-रुककर कहा-"मैं नहीं जानती कि वह शाहंशाह था, या साधारण मुगल पर एक दिन इसी झोपड़ी के नीचे वह रहा। मैंने सुना था कि वह मेरा घर बनवाने की आज्ञा दे चुका था! भगवान् ने सुन लिया, मैं आज इसे छोड़े जाती हूँ। अब तुम इसका मकान बनाओ या महल, मैं अपने चिर-विश्राम-गृह में जाती हूँ!"

वह अश्वारोही अवाक् खड़ा था। बुढ़िया के प्राण-पक्षी अनन्त में उड़ गये।

वहाँ एक अष्टकोण मन्दिर बना; और उस पर शिलालेख लगाया गया-

"सातों देश के नरेश हुमायूँ ने एक दिन यहाँ विश्राम किया था। उनके पुत्र अकबर ने उनकी स्मृति में यह गगनचुम्बी मन्दिर बनाया।"

पर उसमें ममता का कहीं नाम नहीं।

स्वर्ग के खंडहर में

१

वन्य कुसुमों की झालरें सुख शीतल पवन से विकम्पित होकर चारों ओर झूल रही थीं। छोटे-छोटे झरनों की कुल्याएँ कतराती हुई बह रही थीं। लता-वितानों से ढँकी हुई प्राकृतिक गुफाएँ शिल्प-रचना-पूर्ण सुन्दर प्रकोष्ठ बनातीं, जिनमें पागल कर देनेवाली सुगन्ध की लहरें नृत्य करती थीं। स्थान-स्थान पर कुञ्जों और पुष्प-शय्याओं का समारोह, छोटे-छोटे विश्राम-गृह, पान-पात्रों में सुगन्धित मदिरा, भाँति-भाँति के सुस्वादु फल-फूलवाले वृक्षों के झुरमुट, दूध और मधु की नहरों के किनारे गुलाबी बादलों का क्षणिक विश्राम। चाँदनी का निभृत रंगमंच, पुलकित वृक्ष-फूलों पर मधु-मक्खियों की भन्नाहट, रह-रहकर पक्षियों की हृदय में चुभने वाली तान, मणिदीपों पर लटकती हुई मुकुलित मालायें। तिस पर सौन्दर्य के छँटे हुए जोड़ों-रूपवान बालक और बालिकाओं का हृदयहारी हास-विलास! संगीत की अबाध गति में छोटी-छोटी नावों पर उनका जल-विलास! किसकी आँखें यह देखकर भी नशे में न हो जायँगी-हृदय पागल, इंद्रियाँ विकल न हो रहेंगी। यही तो स्वर्ग है।

झरने के तट पर बैठे हुए एक बालक ने बालिका से कहा-"मैं भूल-भूल जाता हूँ मीना, हाँ मीना, मैं तुम्हें मीना नाम से कब तक पुकारूँ?"

"और मैं तुमको गुल कहकर क्यों बुलाऊँ?"

"क्यों मीना, यहाँ भी तो हम लोगों को सुख ही है। है न? अहा, क्या ही सुन्दर स्थान है! हम लोग जैसे एक स्वप्न देख रहे हैं! कहीं दूसरी जगह न भेजे जायँ, तो क्या ही अच्छा हो!"

"नहीं गुल, मुझे पूर्व-स्मृति विकल कर देती है। कई बरस बीत गये-वह माता के समान दुलार, उस उपासिका की स्नेहमयी करुणा-भरी दृष्टि आँखों में कभी-कभी चुटकी काट लेती है। मुझे तो अच्छा नहीं लगता; बन्दी होकर रहना तो स्वर्ग में भी.....अच्छा, तुम्हें यहाँ रहना नहीं खलता?"

"नहीं मीना, सबके बाद जब मैं तुम्हें अपने पास ही पाता हूँ, तब और किसी आकांक्षा का स्मरण ही नहीं रह जाता। मैं समझता हूँ कि....."

"तुम गलत समझते हो......"

मीना अभी पूरा कहने न पाई थी कि तितलियों के झुण्ड के पीछे, उन्हीं के रंग के कौषेय वसन पहने हुए, बालक और बालिकाओं की दौड़ती हुई टोली ने आकर मीना और गुल को घेर लिया।

"जल-विहार के लिए रंगीली मछलियों का खेल खेला जाय।"

एक साथ ही तालियाँ बज उठीं। मीना और गुल को ढकेलते हुए सब उसी कलनादी स्रोत में कूद पड़े। पुलिन की हरी झाड़ियों में से वंशी बजने लगी। मीना और गुल की जोड़ी आगे-आगे और पीछे-पीछे सब बालक-बालिकाओं की टोली तैरने लगी। तीर पर की झुकी डालों के अन्तराल में लुक-छिपकर निकलना, उन कोमल पाणि-पल्लवों से क्षुद्र वीचियों का कटना, सचमुच उसी स्वर्ग में प्राप्त था।

तैरते-तैरते मीना ने कहा-"गुल, यदि मैं बह जाऊँ और डूबने लगूँ?"

"मैं नाव बन जाऊँगा, मीना!"

"और जो मैं यहाँ से सचमुच चली जाऊँ?"

"ऐसा न कहो; फिर मैं क्या करूँगा?"

"क्यों, क्या तुम मेरे साथ न चलोगे?"

इतने में एक दूसरी सुन्दरी, जो कुछ पास थी, बोली-"कहाँ चलोगे गुल? मैं भी चलूँगी, उसी कुञ्ज में। अरे देखो, वह कैसा हरा-भरा अन्धकार है!" गुल उसी ओर लक्ष्य करके सन्तरण करने लगा। बहार उसके साथ तैरने लगी। वे दोनों त्वरित गति से तैर रहे थे, मीना उनका साथ न दे सकी, वह हताश होकर और भी पिछड़ने के लिए धीरे-धीरे तैरने लगी।

बहार और गुल जल से टकराती हुई डालों को पकड़कर विश्राम करने लगे। किसी को समीप में न देखकर बहार ने गुल से कहा-"चलो, हम लोग इसी कुञ्ज में छिप जायँ।"

वे दोनों उसी झुरमुट में विलीन हो गये।

मीना से एक दूसरी सुन्दरी ने पूछा-"गुल किधर गया, तुमने देखा?"

मीना जानकर भी अनजान बन गई। वह दूसरे किनारे की ओर लौटती हुई बोली-"मैं नहीं जानती।"

इतने में एक विशेष संकेत से बजती हुई सीटी सुनाई पड़ी। सब तैरना छोड़ कर बाहर निकले। हरा वस्त्र पहने हुए, एक गम्भीर मनुष्य के साथ, एक युवक दिखाई पड़ा। युवक की आँखें नशे में रंगीली हो रही थीं; पैर लड़खड़ा रहे थे। सबने उस प्रौढ़ को देखते ही सिर झुका लिया। वे बोल उठे-"महापुरुष, क्या कोई हमारा अतिथि आया है?"

"हाँ, यह युवक स्वर्ग देखने की इच्छा रखता है"-हरे वस्त्र वाले प्रौढ़ ने कहा।

सबने सिर झुका लिया। फिर एक बार निर्निमेष दृष्टि से मीना की ओर देखा। वह पहाड़ी दुर्ग का भयानक शेख था। सचमुच उसे एक आत्म-विस्मृति हो चली। उसने देखा, उसकी कल्पना सत्य में परिणत हो रही है।

"मीना-आह! कितना सरल और निर्दोष सौन्दर्य है। मेरे स्वर्ग की सारी माधुरी उसकी भीगी हुई एक लट के बल खाने में बँधी हुई छटपटा रही है।"-उसने पुकारा-"मीना!"

मीना पास आकर खड़ी हो गई, और सब उस युवक को घेरकर एक ओर चल पड़े। केवल मीना शेख के पास रह गई।

शेख ने कहा-"मीना, तुम मेरे स्वर्ग की रत्न हो।"

मीना काँप रही थी। शेख ने उसका ललाट चूम लिया, और कहा-"देखो, तुम किसी भी अतिथि की सेवा करने न जाना। तुम केवल उस द्राक्षा-मण्डप में बैठकर कभी-कभी गा लिया करो। बैठो, मुझे भी वह अपना गीत सुना दो।"

मीना गाने लगी। उस गीत का तात्पर्य था-"मैं एक भटकी हुई बुलबुल हूँ। हे मेरे अपरिचित कुञ्ज! क्षण-भर मुझे विश्राम करने दोगे? यह मेरा क्रन्दन है-मैं सच कहती हूँ, यह मेरा रोना है, गाना नहीं। मुझे दम तो लेने दो। आने दो बसन्त का वह प्रभात-जब संसार गुलाबी रंग में नहाकर अपने यौवन में थिरकने लगेगा और तब मैं तुम्हें अपनी एक तान सुनाकर केवल एक तान इस रजनी विश्राम का मूल्य चुकाकर चली जाऊँगी। तब तक अपनी किसी सूखी हुई टूटी डाल पर ही अन्धकार बिता लेने दो। मैं एक पथ भूली हुई बुलबुल हूँ।"

शेख भूल गया कि मैं ईश्वरीय संदेह-वाहक हूँ, आचार्य हूँ, और महापुरुष हूँ। वह एक क्षण के

लिए अपने को भी भूल गया। उसे विश्वास हो गया कि बुलबुल तो नहीं हूँ, पर कोई भूली हुई वस्तु हूँ। क्या हूँ, यह सोचते-सोचते पागल होकर एक ओर चला गया।

हरियाली से लदा हुआ ढालुवाँ तट था, बीच में बहता हुआ वही कलनादी स्रोत यहाँ कुछ गम्भीर हो गया था। उस रमणीय प्रदेश के छोटे-से आकाश में मदिरा से भरी हुई घटा छा रही थी। लडख़ड़ाते, हाथ-से-हाथ मिलाये, बहार और गुल ऊपर चढ़ रहे थे। गुल अपने आपे में नहीं है, बहार फिर भी सावधान है; वह सहारा देकर उसे ऊपर ले आ रही है।

एक शिला-खण्ड पर बैठे हुए गुल ने कहा-प्यास लगी है।

बहार पास के विश्राम-गृह में गई, पान-पात्र भर लाई। गुल पीकर मस्त हो रहा था। बोला-"बहार, तुम बड़े वेग से मुझे खींच रही हो; सम्भाल सकोगी? देखो, मैं गिरा?"

गुल बहार की गोद में सिर रखकर आँखें बन्द किये पड़ा रहा। उसने बहार के यौवन की सुगन्ध से घबराकर आँखें खोल दीं। उसके गले में हाथ डालकर बोला-"ले चलो, मुझे कहाँ ले चलती हो?"

बहार उस स्वर्ग की अप्सरा थी। विलासिनी बहार एक तीव्र मदिरा प्याली थी, मकरन्द-भरी वायु का झकोर आकर उसमें लहर उठा देता है। वह रूप का उर्मिल सरोवर गुल उन्मत्त था। बहार ने हँसकर पूछा-"यह स्वर्ग छोड़कर कहाँ चलोगे?"

"कहीं दूसरी जगह, जहाँ हम हों और तुम।"

"क्यों, यहाँ कोई बाधा है?"

सरल गुल ने कहा-"बाधा! यदि कोई हो? कौन जाने!"

"कौन? मीना?"

"जिसे समझ लो।"

"तो तुम सबकी उपेक्षा करके मुझे-केवल मुझे ही-नहीं...."

"ऐसा न कहो"-बहार के मुँह पर हाथ रखते हुए गुल ने कहा।

ठीक इसी समय नवागत युवक ने वहाँ आकर उन्हें सचेत कर दिया। बहार ने उठकर उसका स्वागत किया। गुल ने अपनी लाल-लाल आँखों से उसको देखा। वह उठ न सका, केवल मद-भरी अँगड़ाई ले रहा था। बहार ने युवक से आज्ञा लेकर प्रस्थान किया। युवक गुल के समीप आकर बैठ गया, और उसे गम्भीर दृष्टि से देखने लगा।

गुल ने अभ्यास के अनुसार कहा-"स्वागत, अतिथि!"

"तुम देवकुमार! आह! तुमको कितना खोजा मैंने!"

"देवकुमार? कौन देवकुमार? हाँ, हाँ, स्मरण होता है, पर वह विषैली पृथ्वी की बात क्यों स्मरण दिलाते हो? तुम मत्र्यलोक के प्राणी! भूल जाओ उस निराशा और अभावों की सृष्टि को; देखो आनन्द-निकेतन स्वर्ग का सौन्दर्य!"

"देवकुमार! तुमको भूल गया, तुम भीमपाल के वंशधर हो? तुम यहाँ बन्दी हो! मूर्ख हो तुम; जिसे तुमने स्वर्ग समझ रक्खा है, वह तुम्हारे आत्मविस्तार की सीमा है। मैं केवल तुम्हारे ही लिए आया हूँ।"

"तो तुमने भूल की। मैं यहाँ बड़े सुख से हूँ। बहार को बुलाऊँ, कुछ खाओ-पीओ....कंगाल! स्वर्ग में भी आकर व्यर्थ समय नष्ट करना! संगीत सुनोगे?"

युवक हताश हो गया।

गुल ने मन में कहा-"मैं क्या करूँ? सब मुझसे रूठ जाते हैं। कहीं सहृदयता नहीं, मुझसे सब

अपने मन की कराना चाहते हैं, जैसे मेरे मन नहीं है, हृदय नहीं है! प्रेम-आकर्षण! यह स्वर्गीय प्रेम में भी जलन! बहार तिनककर चली गई; मीना? यह पहले ही हट रही थी; तो फिर क्या जलन ही स्वर्ग है?"

गुल को उस युवक के हताश होने पर दया आ गई। यह भी स्मरण हुआ कि वह अतिथि है। उसने कहा-"कहिये, आपकी क्या सेवा करूँ? मीना का गान सुनियेगा? वह स्वर्ग की रानी है!"

युवक ने कहा-"चलो।"

द्राक्षा-मण्डप में दोनों पहुँचे। मीना वहाँ बैठी हुई थी। गुल ने कहा-"अतिथि को अपना गान सुनाओ।"

एक निःश्वास लेकर वही बुलबुल का संगीत सुनाने लगी। युवक की आँखें सजल हो गई, उसने कहा-"सचमुच तुम स्वर्ग की देवी हो!"

"नहीं अतिथि, मैं उस पृथ्वी की प्राणी हूँ-जहाँ कष्टों की पाठशाला है, जहाँ का दुःख इस स्वर्ग-सुख से भी मनोरम था, जिसका अब कोई समाचार नहीं मिलता"-मीना ने कहा।

"तुम उसकी एक करुण-कथा सुनना चाहो, तो मैं तुम्हें सुनाऊँ!"-युवक ने कहा।

"सुनाइये"-मीना ने कहा।

२

युवक कहने लगा-

"वाह्लीक, गान्धार, कपिशा और उद्यान, मुसलमानों के भयानक आतंक में काँप रहे थे। गान्धार के अन्तिम आर्य-नरपति भीमपाल के साथ ही, शाहीवंश का सौभाग्य अस्त हो गया। फिर भी उनके बचे हुए वंशधर उद्यान के मंगली दुर्ग में, सुवास्तु की घाटियों में, पर्वत-माला, हिम और जंगलों के आवरण में अपने दिन काट रहे थे। वे स्वतन्त्र थे।

"देवपाल एक साहसी राजकुमार था। वह कभी-कभी पूर्व गौरव का स्वप्न देखता हुआ, सिन्धु तट तक घूमा करता। एक दिन अभिसार प्रदेश का सिन्धु तट वासना के फूलवाले प्रभात में सौरभ की लहरों में झोंके खा रहा था। कुमारी लज्जा स्नान कर रही थी। उसका कलसा तीर पर पड़ा था। देवपाल भी कई बार पहले की तरह आज फिर साहस भरे नेत्रों से उसे देख रहा था। उसकी चञ्चलता इतने से ही न रुकी, वह बोल उठा-

"ऊषा के इस शान्त आलोक में किसी मधुर कामना से यह भिखारी हृदय हँस रहा था। और मानस-नन्दिनी! तुम इठलाती हुई बह चली हो। वाह रे तुम्हारा इतराना! इसीलिए तो जब कोई स्नान करके तुम्हारी लहर की तरह तरल और आर्द्र वस्त्र ओढ़कर, तुम्हारे पथरीले पुलिन में फिसलता हुआ ऊपर चढ़ने लगता है, तब तुम्हारी लहरों में आँसुओं की झालरें लटकने लगती हैं। परन्तु मुझ पर दया नहीं; यह भी कोई बात है!

"तो फिर मैं क्या करूँ? उस क्षण की, उस कण की, सिन्धु से, बादलों से, अन्तरिक्ष और हिमालय से टहलकर लौट आने की प्रतिज्ञा करूँ? और इतना भी न कहोगी कि कब तक? बलिहारी!

"कुमारी लज्जा भीरु थी। वह हृदय के स्पन्दनों से अभिभूत हो रही थी। क्षुद्र बीचियों के सदृश काँपने लगी। वह अपना कलसा भी न भर सकी और चल पड़ी। हृदय में गुदगुदी के धक्के लग रहे थे। उसके भी यौवन-काल के स्वर्गीय दिवस थे-फिसल पड़ी। धृष्ट युवक ने उसे सम्भाल कर अंक में ले लिया।

"कुछ दिन स्वर्गीय स्वप्न चला। जलते हुए प्रभात के समान तारा देवी ने वह स्वप्न भंग कर दिया।

तारा अधिक रूप-शालिनी, कश्मीर की रूप-माधुरी थी। देवपाल को कश्मीर से सहायता की भी आशा थी। हतभागिनी लज्जा ने कुमार सुदान की तपोभूमि में अशोक-निर्मित विहार में शरण ली। वह उपासिका, भिक्षुणी, जो कहो, बन गई।

"गौतम की गम्भीर प्रतिमा के चरण-तल में बैठकर उसने निश्चय किया, सब दुःख है, सब क्षणिक है, सब अनित्य है।"

"सुवास्तु का पुण्य-सलिल उस व्यथित हृदय की मलिनता को धोने लगा। वह एक प्रकार से रोग-मुक्त हो रही थी।"

"एक सुनसान रात्रि थी, स्थविर धर्म-भिक्षु थे नहीं। सहसा कपाट पर आघात होने लगा। और 'खोलो! खोलो!' का शब्द सुनाई पड़ा। विहार में अकेली लज्जा ही थी। साहस करके बोली-

"कौन है?"

"पथिक हूँ, आश्रय चाहिये"-उत्तर मिला।

"तुषारावृत अँधेरा पथ था। हिम गिर रहा था। तारों का पता नहीं, भयानक शीत और निर्जन निशीथ। भला ऐसे समय में कौन पथ पर चलेगा? वातायन का परदा हटाने पर भी उपासिका लज्जा झाँककर न देख सकी कि कौन है। उसने अपनी कुभावनाओं से डरकर पूछा-"आप लोग कौन हैं?"

"आहा, तुम उपासिका हो! तुम्हारे हृदय में तो अधिक दया होनी चाहिये। भगवान् की प्रतिमा की छाया में दो अनाथों को आश्रय मिलने का पुण्य दें।"

लज्जा ने अर्गला खोल दी। उसने आश्चर्य से देखा, एक पुरुष अपने बड़े लबादे में आठ-नौ बरस के बालक और बालिका को लिये भीतर आकर गिर पड़ा। तीनों मुमूर्ष हो रहे थे। भूख और शीत से तीनों विकल थे। लज्जा ने कपाट बन्द करते हुए अग्नि धधकाकर उसमें कुछ गन्ध-द्रव्य डाल दिया। एक बार द्वार खुलने पर जो शीतल पवन का झोंका घुस आया था, वह निर्बल हो चला।

"अतिथि-सत्कार हो जाने पर लज्जा ने उसका परिचय पूछा। आगन्तुक ने कहा-'मंगली-दुर्ग के अधिपति देवपाल का मैं भृत्य हूँ। जगद्ग्राहक चंगेज खाँ ने समस्त गान्धार प्रदेश को जलाकर, लूट-पाटकर उजाड़ दिया और कल ही इस उद्यान के मंगली दुर्ग पर भी उन लोगों का अधिकार हो गया। देवपाल बन्दी हुए, उनकी पत्नी तारादेवी ने आत्महत्या की। दुर्गपति ने पहले ही मुझसे कहा था कि इस बालक को अशोक-विहार में ले जाना, वहाँ की एक उपासिका लज्जा इसके प्राण बचा ले तो कोई आश्चर्य नहीं।

"यह सुनते ही लज्जा की धमनियों में रक्त का तीव्र सञ्चार होने लगा। शीताधिक्य में भी उसे स्वेद आने लगा। उसने बात बदलने के लिए बालिका की ओर देखा। आगन्तुक ने कहा-'यह मेरी बालिका है, इसकी माता नहीं है, लज्जा ने देखा, बालिका का शुभ्र शरीर मलिन वस्त्र में दमक रहा था। नासिका मूल से कानों के समीप तक भ्रू युगल की प्रभव-शालिनी रेखा और उसकी छाया में दो उनींदे कमल संसार से अपने को छिपा लेना चाहते थे। उसका विरागी सौन्दर्य, शरद के शुभ्र घन के आवरण में पूर्णिमा के चन्द्र-सा आप ही लज्जित था। चेष्टा करके भी लज्जा अपनी मानसिक स्थिति को चञ्चल होने से न सम्भाल सकी। वह-'अच्छा, आप लोग सो रहिये, थके होंगे'-कहती हुई दूसरे प्रकोष्ठ में चली गई।

"लज्जा ने वातायन खोलकर देखा, आकाश स्वच्छ हो रहा था, पार्वत्य प्रदेश के निस्तब्ध गगन में तारों की झिलमिलाहट थी। उन प्रकाश की लहरों में अशोक निर्मित स्तूप की चूड़ा पर लगा हुआ स्वर्ण का धर्मचक्र जैसे हिल रहा था।

"दूसरे दिन जब धर्म-भिक्षु आये, तो उन्होंने इन आगन्तुकों को आश्चर्य से देखा, और जब पूरे समाचार सुने, तो और भी उबल पड़े। उन्होंने कहा-'राज-कुटुम्ब को यहाँ रखकर क्या इस विहार और स्तूप को भी तुम ध्वस्त कराना चाहती हो? लज्जा, तुमने यह किस प्रलोभन से किया? चंगेज़ खाँ

बौद्ध है, संघ उसका विरोध क्यों करे?'

"स्थविर! किसी को आश्रय देना क्या गौतम के धर्म के विरुद्ध है? मैं स्पष्ट कह देना चाहती हूँ कि देवपाल ने मेरे साथ बड़ा अन्याय किया, फिर भी मुझ पर उसका विश्वास था, क्यों था, मैं स्वयं नहीं जान सकी। इसे चाहे मेरी दुर्बलता ही समझ लें, परन्तु मैं अपने प्रति विश्वास का किसी को भी दुरुपयोग नहीं करने देना चाहती। देवपाल को मैं अधिक-से-अधिक प्यार करती थी, और भी अब बिल्कुल निश्शेष समझ कर उस प्रणय का तिरस्कार कर सकूँगी, इसमें सन्देह है।"-लज्जा ने कहा।

"तो तुम संघ के सिद्धान्त से च्युत हो रही हो, इसलिये तुम्हें भी विहार का त्याग करना पड़ेगा।"- धर्म-भिक्षु ने कहा।

लज्जा व्यथित हो उठी थी। बालक के मुख पर देवपाल की स्पष्ट छाया उसे बार-बार उत्तेजित करती, और वह बालिका तो उसे छोड़ना ही न चाहती थी।

"उसने साहस करके कहा-'तब यही अच्छा होगा कि मैं भिक्षुणी होने का ढोंग छोड़कर अनाथों के सुख-दुःख में सम्मिलित होऊँ।'

"उसी रात को वह दोनों बालक-बालिका और विक्रमभृत्य को लेकर, निस्सहाय अवस्था में चल पड़ी। छद्मवेष में यह दल यात्रा कर रहा था। इसे भिक्षा का अवलम्ब था। वाह्लीक के गिरिव्रज नगर के भग्न पांथ-निवास के टूटे कोने में इन लोगों को आश्रय लेना पड़ा। उस दिन आहार नहीं जुट सका, दोनों बालकों के सन्तोष के लिए कुछ बचा था, उसी को खिलाकर वे सुला दिये गये। लज्जा और विक्रम, अनाहार से म्रियमाण, अचेत हो गये।

"दूसरे दिन आँखे खुलते ही उन्होंने देखा, तो वह राजकुमार और बालिका, दोनों ही नहीं! उन दोनों की खोज में ये लोग भी भिन्न-भिन्न दिशा को चल पड़े। एक दिन पता चला कि केकय के पहाड़ी दुर्ग के समीप कहीं स्वर्ग है, वहाँ रूपवान बालकों और बालिकाओं की अत्यन्त आवश्यकता रहती है....

"और भी सुनोगी पृथ्वी की दुःख-गाथा? क्या करोगी सुनकर, तुम यह जानकर क्या करोगी कि उस उपासिका या विक्रम का फिर क्या हुआ?"

अब मीना से न रहा गया। उसने युवक के गले से लिपटकर कहा-"तो....तुम्हीं वह उपासिका हो? आहा, सच कह दो।"

गुल की आँखों में अभी नशे का उतार था। उसने अँगड़ाई लेकर एक जँभाई ली, और कहा-"बड़े आश्चर्य की बात है। क्यों मीना, अब क्या किया जाय?"

अकस्मात् स्वर्ग के भयानक रक्षियों ने आकर उस युवक को बन्दी कर लिया। मीना रोने लगी, गुल चुपचाप खड़ा था, बहार खड़ी हँस रही थी।

सहसा पीछे से आते हुए प्रहरियों के प्रधान ने ललकारा-"मीना और गुल को भी।"

अब उस युवक ने घूमकर देखा; घनी दाढ़ी-मूछों वाले प्रधान की आँखों से आँखें मिलीं।

युवक चिल्ला उठा-"देवपाल।"

"कौन! लज्जा? अरे!"

"हाँ, तो देवपाल, इस अपने पुत्र गुल को भी बन्दी करो, विधर्मी का कर्तव्य यही आज्ञा देता है।"- लज्जा ने कहा।

"ओह!"-कहता हुआ प्रधान देवपाल सिर पकड़कर बैठ गया। क्षण भर में वह उन्मत्त हो उठा और दौड़कर गुल के गले से लिपट गया।

सावधान होने पर देवपाल ने लज्जा को बन्दी करने वाले प्रहरी से कहा-"उसे छोड़ दो।"

प्रहरी ने बहार की ओर देखा। उसका गूढ़ संकेत समझकर वह बोल उठा-"मुक्त करने का अधिकार केवल शेख को है।"

देवपाल का क्रोध सीमा का अतिक्रम कर चुका था, उसने खड्ग चला दिया। प्रहरी गिरा। उधर बहार 'हत्या! हत्या! चिल्लाती हुई भागी।

३

संसार की विभूति जिस समय चरणों में लोटने लगती है, वही समय पहाड़ी दुर्ग के सिंहासन का था। शेख क्षमता की ऐश्वर्य-मण्डित मूर्ति था। लज्जा, मीना, गुल और देवपाल बन्दी-वेश में खड़े थे। भयानक प्रहरी दूर-दूर खड़े, पवन की भी गति जाँच रहे थे। जितना भीषण प्रभाव सम्भव है, वह शेख के उस सभागृह में था। शेख ने पूछा-"देवपाल तुझे इस धर्म पर विश्वास है कि नहीं?"

"नहीं!"- देवपाल ने उत्तर दिया।

"तब तुमने हमको धोखा दिया?"

"नहीं, चंगेज़ के बन्दी-गृह से छुड़ाने में जब समर-खण्ड में तुम्हारे अनुचरों ने मेरी सहायता की और मैं तुम्हारे उत्कोच या मूल्य से क्रीत हुआ, तब मुझे तुम्हारी आज्ञा पूरी करने की स्वभावत: इच्छा हुई। अपने शत्रु चंगेज़ का ईश्वरीय कोप, चंगेज़ का नाश करने की एक विकट लालसा मन में खेलने लगी, और मैंने उसकी हत्या की भी। मैं धर्म मानकर कुछ करने गया था, वह समझना भ्रम है।"

"यहाँ तक तो मेरी आज्ञा के अनुसार ही हुआ, परन्तु उस अलाउद्दीन की हत्या क्यों की?"-दाँत पीसकर शेख ने कहा।

"यह मेरा उससे प्रतिशोध था!" अविचल भाव से देवपाल ने कहा।

"तुम जानते हो कि इस पहाड़ के शेख केवल स्वर्ग के ही अधिपति नहीं, प्रत्युत हत्या के दूत भी हैं!" क्रोध से शेख ने कहा।

"इसके जानने की मुझे उत्कण्ठा नहीं है, शेख। प्राणी-धर्म में मेरा अखण्ड विश्वास है। अपनी रक्षा करने के लिए, अपने प्रतिशोध के लिए, जो स्वाभाविक जीवन-तत्व के सिद्धान्त की अवहेलना करके चुप बैठता है, उसे मृतक, कायर, सजीवता विहीन, हड्डी-मांस के टुकड़े के अतिरिक्त मैं कुछ नहीं समझता। मनुष्य परिस्थितियों का अन्ध-भक्त है, इसलिए मुझे जो करना था, वह मैंने किया, अब तुम अपना कर्तव्य कर सकते हो।"-देवपाल का स्वर दृढ़ था।

भयानक शेख अपनी पूर्ण उत्तेजना से चिल्ला उठा। उसने कहा-"और, तू कौन है स्त्री? तेरा इतना साहस! मुझे ठगना!"

लज्जा अपना बाह्य आवरण फेंकती हुई बोली-"हाँ शेख, अब आवश्यकता नहीं कि मैं छिपाऊँ, मैं देवपाल की प्रणयिनी हूँ?"

"तो तुम इन सबको ले जाने या बहकाने आई थी, क्यों?"

"आवश्यकता से प्रेरित होकर जैसे अत्यन्त कुत्सित मनुष्य धर्माचार्य बनने का ढोंग कर रहा है, ठीक उसी प्रकार मैं स्त्री होकर भी पुरुष बनी। यह दूसरी बात है कि संसार की सबसे पवित्र वस्तु धर्म की आड़ में आकांक्षा खेलती है। तुम्हारे पास साधन हैं, मेरे पास नहीं, अन्यथा मेरी आवश्यकता किसी से कम न थी।"-लज्जा हाँफ रही थी।

शेख ने देखा, वह दृप्त सौन्दर्य! यौवन के ढलने में भी एक तीव्र प्रवाह था-जैसे चाँदनी रात में पहाड़ से झरना गिर रहा हो! एक क्षण के लिए उसकी समस्त उत्तेजना पालतू पशु के समान सौम्य

हो गई। उसने कहा-"तुम ठीक मेरे स्वर्ग की रानी होने के योग्य हो। यदि मेरे मत में तुम्हारा विश्वास हो, तो मैं तुम्हें मुक्त कर सकता हूँ। बोलो!"

"स्वर्ग! इस पृथ्वी को स्वर्ग की आवश्यकता क्या है, शेख? ना, ना, इस पृथ्वी को स्वर्ग के ठेकेदारों से बचाना होगा। पृथ्वी का गौरव स्वर्ग बन जाने से नष्ट हो जायेगा। इसकी स्वाभाविकता साधारण स्थिति में ही रह सकती है। पृथ्वी को केवल वसुन्धरा होकर मानव जाति के लिए जीने दो, अपनी आकांक्षा के कल्पित स्वर्ग के लिए, क्षुद्र स्वार्थ के लिए इस महती को, इस धरणी को नरक न बनाओ, जिसमें देवता बनने के प्रलोभन में पड़कर मनुष्य राक्षस न बन जाय, शेख।"-लज्जा ने कहा।

शेख पत्थर-भरे बादलों के समान कड़कड़ा उठा। उसने कहा-"ले जाओ, इन दोनों को बन्दी करो। मैं फिर विचार करूँगा, और गुल, तुम लोगों का यह पहला अपराध है, क्षमा करता हूँ, सुनती हो मीना, जाओ अपने कुञ्ज में भागो। इन दोनों को भूल जाओ।"

बहार ने एक दिन गुल से कहा-"चलो, द्राक्षा-मण्डप में संगीत का आनन्द लिया जाय।" दोनों स्वर्गीय मदिरा में झूम रहे थे। मीना वहाँ अकेली बैठी उदासी में गा रही थी-

"वही स्वर्ग तो नरक है, जहाँ प्रियजन से विच्छेद है। वही रात प्रलय की है, जिसकी कालिमा में विरह का संयोग है। वह यौवन निष्फल है, जिसका हृदयवान् उपासक नहीं। वह मदिरा हलाहल है, पाप है, जो उन मधुर अधरों को उच्छिष्ट नहीं। वह प्रणय विषाक्त छुरी है, जिसमें कपट है। इसलिये हे जीवन, तू स्वप्न न देख, विस्मृति की निद्रा में सो जा! सुषुप्ति यदि आनन्द नहीं, तो दुःखों का अभाव तो है। इस जागरण से-इस आकांक्षा और अभाव के जागरण से-वह निद्रवंद्व सोना कहीं अच्छा है मेरे जीवन!"

बहार का साहस न हुआ कि वह मण्डप में पैर धरे, पर गुल, वह तो जैसे मूक था! एक भूल, अपराध और मनोवेदना के निर्जन कानन में भटक रहा था, यद्यपि उसके चरण निश्चल थे। इतने में हलचल मच गई। चारों ओर दौड़-धूप होने लगी। मालूम हुआ, स्वर्ग पर तातार के खान की चढ़ाई है।

बरसों घिरे रहने से स्वर्ग की विभूति निश्शेष हो गई थी। स्वर्गीय जीव अनाहार से तड़प रहे थे। तब भी मीना को आहार मिलता। आज शेख सामने बैठा था। उसकी प्याली में मदिरा की कुछ अन्तिम बूँदें थीं। जलन की तीव्र पीड़ा से व्याकुल और आहत बहार उधर तड़प रही थी। आज बन्दी भी मुक्त कर दिये गये थे। स्वर्ग के विस्तृत प्रांगण में बन्दियों के दम तोड़ने की कातर ध्वनि गूँज रही थी। शेख ने एक बार उन्हें हँसकर देखा, फिर मीना की ओर देखकर उसने कहा-"मीना! आज अंतिम दिन है! इस प्याली में अन्तिम घूँटैं है, मुझे अपने हाथ से पिला दोगी?"

"बन्दी हूँ शेख! चाहे जो कहो।"

शेख एक दीर्घ निश्वास लेकर उठ खड़ा हुआ। उसने अपनी तलवार सँभाली। इतने में द्वार टूट पड़ा, तातारी घुसते हुए दिखलाई पड़े, शेख के पाप-दुर्बल हाथों से तलवार गिर पड़ी।

द्राक्षा के रूखे कुञ्ज में देवपाल, लज्जा और गुल के शव के पास मीना चुपचाप बैठी थी। उसकी आँखों में न आँसू थे, न ओठों पर क्रन्दन। वह सजीव अनुकम्पा, निष्ठर हो रही थी।

तातारों के सेनापति ने आकर देखा, उस दावाग्नि के अन्धड़ में तृण-कुसुम सुरक्षित है। वह अपनी प्रतिहिंसा से अन्धा हो रहा था। कड़ककर उसने पूछा-"तू शेख की बेटी है?"

मीना ने जैसे मूर्च्छा से आँखें खोलीं। उसने विश्वास-भरी वाणी से कहा-"पिता, मैं तुम्हारी लीला हूँ!"

सेनापति विक्रम को उस प्रान्त का शासन मिला; पर मीना उन्हीं स्वर्ग के खण्डहरों में उन्मुक्त घूमा करती। जब सेनापति बहुत स्मरण दिलाता, तो वह कह देती-मैं एक भटकी हुई बुलबुल हूँ। मुझे किसी टूटी डाल पर अन्धकार बिता लेने दो! इस रजनी-विश्राम का मूल्य अन्तिम तान सुनाकर

जाऊँगी।"

मालूम नहीं, उसकी अन्तिम तान किसी ने सुनी या नहीं।

सुनहला साँप

"यह तुम्हारा दुस्साहस है, चन्द्रदेव!"

"मैं सत्य कहता हूँ, देवकुमार।"

"तुम्हारे सत्य की पहचान बहुत दुर्बल है, क्योंकि उसके प्रकट होने का साधन असत् है। समझता हूँ कि तुम प्रवचन देते समय बहुत ही भावात्मक हो जाते हो। किसी के जीवन का रहस्य, उसका विश्वास समझ लेना हमारी-तुम्हारी बुद्धिरूपी 'एक्सरेज़' की पारदर्शिता के परे है।"-कहता हुआ देवकुमार हँस पड़ा; उसकी हँसी में विज्ञता की अवज्ञा थी।

चन्द्रदेव ने बात बदलने के लिए कहा-"इस पर मैं फिर वाद-विवाद करूँगा। अभी तो वह देखो, झरना आ गया-हम लोग जिसे देखने के लिए आठ मील से आये हैं।"

"सत्य और झूठ का पुतला मनुष्य अपने ही सत्य की छाया नहीं छू सकता, क्योंकि वह सदैव अन्धकार में रहता है। चन्द्रदेव, मेरा तो विश्वास है कि तुम अपने को भी नहीं समझ पाते।"-देवकुमार ने कहा।

चन्द्रदेव बैठ गया। वह एकटक उस गिरते हुए प्रपात को देख रहा था। मसूरी पहाड़ का यह झरना बहुत प्रसिद्ध है। एक गहरे गड्ढे में गिरकर, यह नाला बनता हुआ, ठुकराये हुए जीवन के समान भागा जाता है।

चन्द्रदेव एक ताल्लुकेदार का युवक पुत्र था। अपने मित्र देवकुमार के साथ मसूरी के ग्रीष्म-निवास में सुख और स्वास्थ्य की खोज में आया था। इस पहाड़ पर कब बादल छा जायेंगे, कब एक झोंका बरसाता हुआ निकल जायेगा, इसका कोई निश्चय नहीं। चन्द्रदेव का नौकर पान-भोजन का सामान लेकर पहुँचा। दोनों मित्र एक अखरोट-वृक्ष के नीचे बैठकर खाने लगे। चन्द्रदेव थोड़ी मदिरा भी पीता था, स्वास्थ्य के लिए।

देवकुमार ने कहा-"यदि हम लोगों को बीच ही में भीगना न हो, तो अब चल देना चाहिये।"

पीते हुए चन्द्रदेव ने कहा-"तुम बड़े डरपोक हो। तनिक भी साहसिक जीवन का आनन्द लेने का उत्साह तुममें नहीं। सावधान होकर चलना, समय से कमरे में जाकर बन्द हो जाना और अत्यन्त रोगी के समान सदैव पथ्य का अनुचर बने रहना हो, तो मनुष्य घर ही बैठा रहे!"

देवकुमार हँस पड़ा। कुछ समय बीतने पर दोनों उठ खड़े हुए। अनुचर भी पीछे चला। बूँदें पड़ने लगी थीं। सबने अपनी-अपनी बरसाती सँभाली।

परन्तु उस वर्षा में कहीं विश्राम करना आवश्यक प्रतीत हुआ, क्योंकि उससे बचा लेना बरसाती के बूते का काम न था। तीनों छाया की खोज में चले। एक पहाड़ी चट्टान की.गुफा मिली, छोटी-सी। ये तीनों उसमें घुस पड़े।

भवों पर से पानी पोंछते हुए चन्द्रदेव ने देखा, एक श्याम किन्तु उज्ज्वल मुख अपने यौवन की आभा में दमक रहा है। वह एक पहाड़ी स्त्री थी। चन्द्रदेव कला-विज्ञ होने का ढोंग करके उस युवती की सुडौल गढ़न देखने लगा। वह कुछ लज्जित हुई। प्रगल्भ चन्द्रदेव ने पूछा-"तुम यहाँ क्या करने

आई हो?"

"बाबू जी, मैं दूसरे पहाड़ी गाँव की रहने वाली हूँ, अपनी जीविका के लिए आई हूँ।"

"तुम्हारी क्या जीविका है?"

"साँप पकड़ती हूँ।"

चन्द्रदेव चौंक उठा। उसने कहा-"तो क्या तुम यहाँ भी साँप पकड़ रही हो? इधर तो बहुत कम साँप होते हैं।"

"हाँ, कभी खोजने से मिल जाते हैं। यहाँ एक सुनहला साँप मैंने अभी देखा है। उसे ...." कहते-कहते युवती ने एक ढोंके की ओर संकेत किया।

चन्द्रदेव ने देखा, दो तीव्र ज्योति!

पानी का झोंका निकल गया था। चन्द्रदेव ने कहा-"चलो देवकुमार, हम चलें। रामू तू भी तो साँप पकड़ता है न? देवकुमार! यह बड़ी सफाई से बिना किसी मन्त्र-जड़ी के साँप पकड़ लेता है!" देवकुमार ने सिर हिला दिया।

रामू ने कहा-"हाँ सरकार, पकड़ूँ इसे?"

"नहीं-नहीं, उसे पकड़ने दे! हाँ, उसे होटल में लिवा लाना, हम लोग देखेंगे। क्यों देव! अच्छा मनोरंजन रहेगा न?" कहते हुए चन्द्रदेव और देवकुमार चल पड़े।

किसी क्षुद्र हृदय के पास, उसके दुर्भाग्य से दैवी सम्पत्ति या विद्या, बल, धन और सौन्दर्य उसके सौभाग्य का अभिनय करते हुए प्रायः देखे जाते हैं, तब उन विभूतियों का दुरुपयोग अत्यन्त अरुचिकर दृश्य उपस्थित कर देता है। चन्द्रदेव का होटल-निवास भी वैसा ही था। राशि-राशि विडम्बनाएँ उसके चारों ओर घिरकर उसकी हँसी उड़ातीं, पर उनमें चन्द्रदेव को तो जीवन की सफलता ही दिखलायी देती।

उसके कमरे में कई मित्र एकत्र थे। 'नेरा' महुअर बजाकर अपना खेल दिखला रही थी। सबके बाद उसने दिखलाया, अपना पकड़ा हुआ वही सुन्दर सुनहला साँप।

रामू एकटक नेरा की ओर देख रहा था। चन्द्रदेव ने कहा-"रामू, वह शीशे का बक्स तो ले आ!"

रामू ने तुरन्त उसे उपस्थित किया।

चन्द्रदेव ने हँसकर कहा-"नेरा! तुम्हारे सुन्दर साँप के लिए यह बक्स है।"नेरा प्रसन्न होकर अपने नवीन आश्रित को उसमें रखने लगी, परन्तु वह उस सुन्दर घर में जाना नहीं चाहता था। रामू ने उसे बाध्य किया। साँप बक्स में जा रहा। नेरा ने उसे आँखों से धन्यवाद दिया।

चन्द्रदेव के मित्रों ने कहा-"तुम्हारा अनुचर भी तो कम खिलाड़ी नहीं है!"

चन्द्रदेव ने गर्व से रामू की ओर देखा। परन्तु, नेरा की मधुरिमा रामू की आँखों की राह उसके हृदय में भर रही थी। वह एकटक उसे देख रहा था।

देवकुमार हँस पड़ा। खेल समाप्त हुआ। नेरा को बहुत-सा पुरस्कार मिला।

तीन दिन बाद, होटल के पास ही, चीड़ वृक्ष के नीचे चन्द्रदेव चुपचाप खड़ा था- वह बड़े गौर से देख रहा था-एक स्त्री और एक पुरुष को घुल-घुलकर बातें करते। उसे क्रोध आया; परन्तु न जाने क्यों, कुछ बोल न सका। देवकुमार ने पीठ पर हाथ धरकर पूछा-"क्या है?"

चन्द्रदेव ने संकेत से उस ओर दिखा दिया। एक झुरमुट में नेरा खड़ी है और रामू कुछ अनुनय कर रहा है! देवकुमार ने यह देखकर चन्द्रदेव का हाथ पकड़कर खींचते हुए कहा-"चलो।"

दोनों आकर अपने कमरे में बैठे।

देवकुमार ने कहा-"अब कहो, इसी रामू के हृदय की परख तो तुम उस दिन बता रहे थे। इसी तरह सम्भव है, अपने को भी न पहचानते हो।"

चन्द्रदेव ने कहा-'मैं उसे कोड़े से पीटकर ठीक करूँगा-बदमाश!"

चन्द्रदेव 'बाल' देखकर आया था, अपने कमरे में सोने जा रहा था, रात अधिक हो चुकी थी। उसे कुछ फिस-फिस का शब्द सुनाई पड़ा। उसे नेरा का ध्यान आ गया। वह होंठ काटकर अपने पलँग पर जा पड़ा। मात्रा कुछ अधिक थी। आतिशदान के कार्निस पर धरे हुए शीशे का बक्स और बोतल चमक उठे। पर उसे क्रोध ही अधिक आया, बिजली बुझा दी।

कुछ अधिक समय बीतने पर किसी चिल्लाहट से चन्द्रदेव की नींद खुली। रामू का-सा शब्द था। उसने स्विच दबाया, आलोक में चन्द्रदेव ने आश्चर्य से देखा कि रामू के हाथ में वही सुनहला साँप हथकड़ी-सा जकड़ गया है! चन्द्रदेव ने कहा-"क्यों रे बदमाश! तू यहाँ क्या करता था? अरे, इसका तो प्राण संकट में है, नेरा होती तो!"

चन्द्रदेव घबड़ा गया था। इतने में नेरा ने कमरे में प्रवेश किया। इतनी रात को यहाँ? चन्द्रदेव क्रोध से चुप रहा। नेरा ने साँप से रामू का हाथ छुड़ाया और फिर उसे बक्स में बन्द किया। तब चन्द्रदेव ने रामू से पूछा-"क्यों बे, यहाँ क्या कर रहा था?" रामू काँपने लगा।

"बोल, जल्दी बोल! नहीं तो तेरी खाल उधेड़ता हूँ।"

रामू फिर भी चुप था।

चन्द्रदेव का चेहरा अत्यन्त भीषण हो रहा था। वह कभी नेरा की ओर देखता और कभी रामू की ओर। उसने पिस्तौल उठाई, नेरा रामू के सामने आ गई। उसने कहा-"बाबू जी, यह मेरे लिए शराब लेने आया था, जो उस बोतल में धरी है।"

चन्द्रदेव ने देखा, मदिरा उस बोतल में अपनी लाल हँसी में मग्न थी। चन्द्रदेव ने पिस्तौल धर दिया। और बोतल और बक्स उठाकर देते हुए मुँह फेरकर कहा-"तुम दोनों इसे लेकर अभी चले जाओ, और रामू, अब तुम कभी मुझे अपना मुँह मत दिखाना।"

दोनों धीरे-धीरे बाहर हो गये। रामू अपने मालिक का मन पहचानता था।

दूसरे दिन देवकुमार और चन्द्रदेव पहाड़ से उतरे। रामू उनके साथ न था।

ठीक ग्यारह महीने पर फिर उसी होटल में चन्द्रदेव पहुँचा था। तीसरा पहर था, रंगीन बादल थे, पहाड़ी सन्ध्या अपना रंग जमा रही थी, पवन तीव्र था। चन्द्रदेव ने शीशे का पल्ला बन्द करना चाहा। उन्होंने देखा, रामू सिर पर पिटारा धरे चला जा रहा है और पीछे-पीछे अपनी मन्द गति से नेरा। नेरा ने भी ऊपर की ओर देखा, वह मुस्कराकर सलाम करती हुई रामू के पीछे चली गई। चन्द्रदेव ने धड़ से पल्ला बन्द करते हुए सोचा-"सच तो, क्या मैं अपने को भी पहिचान सका?"

हिमालय का पथिक

"गिरि-पथ में हिम-वर्षा हो रही है, इस समय तुम कैसे यहाँ पहुँचे? किस प्रबल आकर्षण से तुम खिंच आये?" खिड़की खोलकर एक व्यक्ति ने पूछा। अमल-धवल चन्द्रिका तुषार से घनीभूत हो रही थी। जहाँ तक दृष्टि जाती है, गगन-चुम्बी शैल-शिखर, जिन पर बर्फ का मोटा लिहाफ पड़ा था, ठिठुरकर सो रहे थे। ऐसे ही समय पथिक उस कुटीर के द्वार पर खड़ा था। वह बोला-"पहले भीतर आने दो, प्राण बचें!"

बर्फ जम गई थी, द्वार परिश्रम से खुला। पथिक ने भीतर जाकर उसे बन्द कर लिया। आग के पास पहुँचा, और उष्णता का अनुभव करने लगा। ऊपर से और दो कम्बल डाल दिये गये। कुछ काल बीतने पर पथिक होश में आया। देखा, शैल-भर में एक छोटा-सा गृह धुँधली प्रभा से आलोकित है। एक वृद्ध है और उसकी कन्या। बालिका-युवती हो चली है।

वृद्ध बोला-"कुछ भोजन करोगे?"

पथिक-"हाँ, भूख तो लगी है।"

वृद्ध ने बालिका की ओर देखकर कहा-"किन्नरी, कुछ ले आओ।"

किन्नरी उठी और कुछ खाने को ले आई। पथिक दत्तचित्त होकर उसे खाने लगा।

किन्नरी चुपचाप आग के पास बैठी देख रही थी। युवक-पथिक को देखने में उसे कुछ संकोच न था। पथिक भोजन कर लेने के बाद घूमा, और देखा। किन्नरी सचमुच हिमालय की किन्नरी है। ऊनी लम्बा कुरता पहने है, खुले हुए बाल एक कपड़े से कसे हैं, जो सिर के चारों ओर टोप के समान बँधा है। कानों में दो बड़े-बड़े फीरोजे लटकते हैं। सौन्दर्य है, जैसे हिमानीमण्डित उपत्यका में वसन्त की फूली हुई वल्लरी पर मध्याह्न का आतप अपनी सुखद कान्ति बरसा रहा हो। हृदय को चिकना कर देने वाला रूखा यौवन प्रत्येक अंग में लालिमा की लहरी उत्पन्न कर रहा है। पथिक देख कर भी अनिच्छा से सिर झुकाकर सोचने लगा।

वृद्ध ने पूछा-"कहो, तुम्हारा आगमन कैसे हुआ?"

पथिक-"निरुद्देश्य घूम रहा हूँ, कभी राजमार्ग, कभी खड्ड, कभी सिन्धुतट और कभी गिरि-पथ देखता-फिरता हूँ। आँखों की तृष्णा मुझे बुझती नहीं दिखाई देती। यह सब क्यों देखना चाहता हूँ, कह नहीं सकता।"

"तब भी भ्रमण कर रहे हो!"

पथिक-"हाँ, अबकी इच्छा है, कि हिमालय में ही विचरण करूँ। इसी के सामने दूर तक चला जाऊँ!"

वृद्ध-"तुम्हारे पिता-माता हैं?"

पथिक-"नहीं।"

किन्नरी-"तभी तुम घूमते हो! मुझे तो पिताजी थोड़ी दूर भी नहीं जाने देते।"-वह हँसने लगी।

वृद्ध ने उसकी पीठ पर हाथ रखकर कहा-"बड़ी पगली है!"

किन्नरी खिलखिला उठी।

पथिक-"अपरिचित देशों में एक रात रमना और फिर चल देना। मन के समान चञ्चल हो रहा हूँ, जैसे पैरों के नीचे चिनगारी हो!"

किन्नरी-"हम लोग तो कहीं जाते नहीं; सबसे अपरिचित हैं, कोई नहीं जानता। न कोई यहाँ आता है। हिमालय की निर्जर शिखर-श्रेणी और बर्फ की झड़ी, कस्तूरी मृग और बर्फ के चूहे, ये ही मेरे स्वजन हैं।"

वृद्ध-"क्यों री किन्नरी! मैं कौन हूँ?"

"किन्नरी-तुम्हारा तो कोई नया परिचय नहीं है; वही मेरे पुराने बाबा बने हो!"

वृद्ध सोचने लगा।

पथिक हँसने लगा। किन्नरी अप्रतिभ हो गई। वृद्ध गम्भीर होकर कम्बल ओढने लगा।

पथिक को उस कुटी में रहते कई दिन हो गये। न जाने किस बन्धन ने उसे यात्रा से वञ्चित कर दिया है। पर्यटक युवक आलसी बनकर चुपचाप खुली धूप में, बहुधा देवदारु की लम्बी छाया में बैठा हिमालय खण्ड की निर्जन कमनीयता की ओर एकटक देखा करता है। जब कभी अचानक आकर किन्नरी उसका कन्धा पकड़कर हिला देती है, तो उसके तुषारतुल्य हृदय में बिजली-सी दौड़ जाती है। किन्नरी हँसने लगती है-जैसे बर्फ गल जाने पर लता के फूल निखर आते हैं।"

एक दिन पथिक ने कहा-"कल मैं जाऊँगा।"

किन्नरी ने पूछा-"किधर?"

पथिक ने हिम-गिरि की चोटी दिखलाते हुए कहा-"उधर, जहाँ कोई न गया हो!"

किन्नरी ने पूछा-"वहाँ जाकर क्या करोगे?"

"देखकर लौट आऊँगा।"

"अभी से क्यों नहीं जाना रोकते, जब लौट ही आना है?"

"देखकर आऊँगा; तुम लोगों से मिलते हुए देश को लौट जाऊँगा। वहाँ जाकर यहाँ का सब समाचार सुनाऊँगा।"

"वहाँ क्या तुम्हारा कोई परिचित है?"

"यहाँ पर कौन था?"

"चले जाने में तुमको कुछ कष्ट नहीं होगा?"

"कुछ नहीं; हाँ एक बार जिनका स्मरण होगा, उनके लिए जी कचोटेगा। परन्तु ऐसे कितने ही हैं!"

"कितने होंगे?"

"बहुत से, जिनके यहाँ दो घड़ी से लेकर दो-चार दिन तक आश्रय ले चुका हूँ। उन दयालुओं की कृतज्ञता से विमुख नहीं होता।"

"मेरी इच्छा होती है कि उस शिखर तक मैं भी तुम्हारे साथ चलकर देखूँ। बाबा से पूछ लूँ।"

"ना-ना, ऐसा मत करना।" पथिक ने देखा, बर्फ की चट्टान पर श्यामल दूर्वा उगने लगी है। मतवाले हाथी के पैर में फूली हुई लता लिपटकर साँकल बनना चाहती है। वह उठकर फूल बिनने लगा। एक माला बनाई। फिर किन्नरी के सिर का बन्धन खोलकर वहीं माला अटका दी। किन्नरी के

मुख पर कोई भाव न था। वह चुपचाप थी। किसी ने पुकारा-"किन्नरी।"

दोनों ने घूमकर देखा, वृद्ध का मुँह लाल था। उसने पूछा-"पथिक! तुमने देवता का निर्माल्य दूषित करना चाहा-तुम्हारा दण्ड क्या है?"

पथिक ने गम्भीर स्वर से कहा-'निर्वासन।"

"और भी कुछ?"

"इससे विशेष तुम्हें अधिकार नहीं; क्योंकि तुम देवता नहीं, जो पाप की वास्तविकता समझ लो!"

"हूँ!"

"और, मैंने देवता के निर्माल्य को और भी पवित्र बनाया है। उसे प्रेम के गन्धजल से सुरभित कर दिया है। उसे तुम देवता को अर्पण कर सकते हो।"-इतना कहकर पथिक उठा, और गिरिपथ से जाने लगा।

वृद्ध ने पुकारकर कहा-"तुम कहाँ जाओगे? वह सामने भयानक शिखर है!"

पथिक ने लौटकर खड्ड में उतरना चाहा। किन्नरी पुकारती हुई दौड़ी-"हाँ-हाँ, मत उतरना, नहीं तो प्राण न बचेंगे!"

पथिक एक क्षण के लिए रुक गया। किन्नरी ने वृद्ध से घूमकर पूछा-"बाबा, क्या यह देवता नहीं है?"

वृद्ध कुछ कह न सका। किन्नरी और आगे बढ़ी। उसी क्षण एक लाल धुँधली आँधी के सदृश बादल दिखलाई पड़ा। किन्नरी और पथिक गिरि-पथ से चढ़ रहे थे। वे अब दो श्याम-बिन्द की तरह वृद्ध की आँखों में दिखाई देते थे। वह रक्तमलिन मेघ समीप आ रहा था। वृद्ध कुटीर की ओर पुकारता हुआ चला-"दोनों लौट आओ; खूनी बर्फ आ रही है!" परन्तु जब पुकारना था, तब वह चुप रहा। अब वे सुन नहीं सकते थे।

दूसरे ही क्षण खूनी बर्फ, वृद्ध और दोनों के बीच में थी।

भिखारिन

जाह्नवी अपने बालू के कम्बल में ठिठुरकर सो रही थी। शीत कुहासा बनकर प्रत्यक्ष हो रहा था। दो-चार लाल धारायें प्राची के क्षितिज में बहना चाहती थीं। धार्मिक लोग स्नान करने के लिए आने लगे थे।

निर्मल की माँ स्नान कर रही थी, और वह पण्डे के पास बैठा हुआ बड़े कुतूहल से धर्म-भीरु लोगों की स्नान-क्रिया देखकर मुस्करा रहा था। उसकी माँ स्नान करके ऊपर आई। अपनी चादर ओढ़ते हुए स्नेह से उसने निर्मल से पूछा-"क्या तू स्नान न करेगा?"

निर्मल ने कहा-"नहीं माँ, मैं तो धूप निकलने पर घर पर ही स्नान करूँगा।"

पण्डाजी ने हँसते हुए कहा-"माता, अबके लड़के पुण्य-धर्म क्या जानें? यह सब तो जब तक आप लोग हैं, तभी तक है।"

निर्मल का मुँह लाल हो गया। फिर भी वह चुप रहा। उसकी माँ संकल्प लेकर कुछ दान करने लगी। सहसा जैसे उजाला हो गया-एक धवल दाँतों की श्रेणी अपना भोलापन बिखेर गई- "कुछ हमको दे दो, रानी माँ!"

निर्मल ने देखा, एक चौदह बरस की भिखारिन भीख माँग रही है। पण्डाजी झल्लाये, बीच ही में संकल्प अधूरा छोड़कर बोल उठे-"चल हट!"

निर्मल ने कहा- "माँ! कुछ इसे भी दे दो।"

माता ने उधर देखा भी नहीं, परन्तु निर्मल ने उस जीर्ण मलिन वसन में एक दरिद्र हृदय की हँसी को रोते हुए देखा। उस बालिका की आँखों मे एक अधूरी कहानी थी। रूखी लटों में सादी उलझन थी, और बरौनियों के अग्रभाग में संकल्प के जलबिन्द लटक रहे थे, करुणा का दान जैसे होने ही वाला था।

धर्म-परायण निर्मल की माँ स्नान करके निर्मल के साथ चली। भिखारिन को अभी आशा थी, वह भी उन लोगों के साथ चली।

निर्मल एक भावुक युवक था। उसने पूछा-"तुम भीख क्यों माँगती हो?"

भिखारिन की पोटली के चावल फटे कपड़े के छिद्र से गिर रहे थे। उन्हें सँभालते हुए उसने कहा-"बाबूजी, पेट के लिए।"

निर्मल ने कहा-"नौकरी क्यों नही करतीं? माँ, इसे अपने यहाँ रख क्यों नहीं लेती हो? धनिया तो प्रायः आती भी नहीं।"

माता ने गम्भीरता से कहा-"रख लो! कौन जाति है, कैसी है, जाना न सुना; बस रख लो।"

निर्मल ने कहा-"माँ, दरिद्रों की तो एक ही जाति होती है।"

माँ झल्ला उठी, और भिखारिन लौट चली। निर्मल ने देखा, जैसे उमड़ी हुई मेघमाला बिना बरसे हुए लौट गई। उसका जी कचोट उठा। विवश था, माता के साथ चला गया।

"सुने री निर्धन के धन राम! सुने री-"

भैरवी के स्वर पवन में आन्दोलन कर रहे थे। धूप गंगा के वक्ष पर उजली होकर नाच रही थी। भिखारिन पत्थर की सीढ़ियों पर सूर्य की ओर मुँह किये गुनगुना रही थी। निर्मल आज अपनी भाभी, के संग स्नान करने के लिए आया है। गोद में अपने चार बरस के भतीजे को लिये वह भी सीढ़ियों से उतरा। भाभी ने पूछा-"निर्मल! आज क्या तुम भी पुण्य-सञ्चय करोगे?"

"क्यों भाभी! जब तुम इस छोटे से बच्चे को इस सरदी में नहला देना धर्म समझती हो, तो मै ही क्यों वञ्चित रह जाऊँ?"

सहसा निर्मल चौंक उठा। उसने देखा, बगल में वही भिखारिन बैठी गुनगुना रही है। निर्मल को देखते ही उसने कहा-बाबूजी, तुम्हारा बच्चा फले-फूले, बहू का सोहाग बना रहे! आज तो मुझे कुछ मिले।"

निर्मल अप्रतिभ हो गया। उसकी भाभी हँसती हुई बोली-"दुर पगली!"

भिखारिन सहम गई। उसके दाँतो का भोलापन गम्भीरता के परदे में छिप गया। वह चुप हो गई।

निर्मल ने स्नान किया। सब ऊपर चलने के लिए प्रस्तुत थे। सहसा बादल हट गये, उन्हीं अमल-धवल दाँतो की श्रेणी ने फिर याचना की-"बाबूजी, कुछ मिलेगा?"

"अरे , अभी बाबूजी का ब्याह नहीं हुआ। जब होगा, तब तुझे न्योता देकर बुलावेंगे। तब तक सन्तोष करके बैठी रह।" भाभी ने हँसकर कहा।

"तुम लोग बड़ी निष्ठर हो, भाभी! उस दिन माँ से कहा कि इसे नौकर रख लो, तो वह इसकी जाति पूछने लगी; और आज तुम भी हँसी ही कर रही हो!"

निर्मल की बात काटते हुए भिखारिन ने कहा-"बहूजी, तुम्हें देखकर मैं तो यही जानती हूँ कि ब्याह हो गया है। मुझे कुछ न देने के लिए बहाना कर रही हो!"

"मर पगली! बड़ी ढीठ है!" भाभी ने कहा।

"भाभी! उस पर क्रोध न करो। वह क्या जाने, उसकी दृष्टि में सब अमीर और सुखी लोग विवाहित हैं। जाने दो, घर चलें!"

"अच्छा चलो, आज माँ से कहकर इसे तुम्हारे लिए टहलनी रखवा दूँगी।"-कहकर भाभी हँस पड़ी।

युवक हृदय उत्तेजित हो उठा। बोला-"यह क्या भाभी! मैं तो इससे ब्याह करने के लिए भी प्रस्तुत हो जाऊँगा! तुम व्यंग क्यों कर रही हो?"

भाभी अप्रतिभ हो गई। परन्तु भिखारिन अपने स्वाभाविक भोलेपन से बोली-"दो दिन माँगने पर भी तुम लोगों से एक पैसा तो देते नहीं बना, फिर क्यों गाली देते हो, बाबू? ब्याह करके निभाना तो बड़ी दूर की बात है!"-भिखारिन भारी मुँह किये लौट चली।

बालक रामू अपनी चालाकी में लगा था। माँ की जेब से छोटी दुअन्नी अपनी छोटी उँगलियों से उसने निकाल ली और भिखारिन की ओर फेंककर बोला-"लेती जाओ, ओ भिखारिन!"

निर्मल और भाभी को रामू की इस दया पर कुछ प्रसन्नता हुई, पर वे प्रकट न कर सके; क्योंकि भिखारिन ऊपर की सीढ़ियों पर चढ़ती हुई गुनगुनाती चली जा रही थी-

"सुने री निर्धन के धन राम!"

प्रतिध्वनि

मनुष्य की चिता जल जाती है, और बुझ भी जाती है परन्तु उसकी छाती की जलन, द्वेष की ज्वाला, सम्भव है, उसके बाद भी धक-धक करती हुई जला करे।

तारा जिस दिन विधवा हुई, जिस समय सब लोग रो-पीट रहे थे, उसकी ननद ने, भाई के मरने पर भी, रोदन के साथ, व्यंग स्वर में कहा-"अरे मैया रे, किसका पाप किसे खा गया रे!"- तभी आसन्न वैधव्य ठेलकर, अपने कानों को ऊँचा करके, तारा ने वह तीक्ष्ण व्यंग रोदन के कोलाहल में भी सुन लिया था।

तारा सम्पन्न थी, इसलिए वैधव्य उसे दूर ही से डराकर चला जाता। उसका पूर्ण अनुभव वह कभी न कर सकी। हाँ, ननद रामा अपनी दरिद्रता के दिन अपनी कन्या श्यामा के साथ किसी तरह काटने लगी। दहेज मिलने की निराशा से कोई ब्याह करने के लिए प्रस्तुत न होता। श्यामा चौदह बरस की हो चली। बहुत चेष्टा करके भी रामा उसका ब्याह न कर सकी। वह चल बसी।

श्यामा निस्सहाय अकेली हो गई। पर जीवन के जितने दिन हैं, वे कारावासी के समान काटने ही होंगे। वह अकेली ही गंगा-तट पर अपनी बारी से सटे हुए कच्चे झोपड़े में रहने लगी।

मन्त्री नाम की एक बुढ़िया, जिसे 'दादी' कहती थी, रात को उसके पास सो रहती, और न जाने कहाँ से, कैसे उसके खाने-पीने का कुछ प्रबन्ध कर ही देती। धीरे-धीरे दरिद्रता के सब अवशिष्ट चिह्न बिककर श्यामा के पेट में चले गये। पर, उसकी आम की बारी अभी नीलाम होने के लिए हरी-भरी थी!

कोमल आतप गंगा के शीतल शरीर में अभी ऊष्मा उत्पन्न करने में असमर्थ था। नवीन किसलय उससे चमक उठे थे। वसन्त की किरणों की चोट से कोयल कुहुक उठी। आम की कैरियों के गुच्छे हिलने लगे। उस आम की बारी में माधव-ऋतु का डेरा था और श्यामा के कमनीय कलेवर में यौवन था।

श्यामा अपने कच्चे घर के द्वार पर खड़ी हुई मेघ-संक्रान्ति का पर्व-स्नान करने वालों को कगार के नीचे देख रही थी। समीप होने पर भी वह मनुष्यों की भीड़ उसे चींटियाँ रेंगती हुई जैसी दिखायी पड़ती थी। मन्त्री ने आते ही उसका हाथ पकड़कर कहा-"चलो बेटी, हम लोग भी स्नान कर आवें।"

उसने कहा-"नहीं दादी, आज अंग-अंग टूट रहा है, जैसे ज्वर आने को है।"

मन्त्री चली गई।

तारा स्नान करके दासी के साथ कगारे के ऊपर चढ़ने लगी। श्यामा की बारी के पास से ही पथ था। किसी को वहाँ न देखकर तारा ने सन्तुष्ट होकर साँस ली। कैरियों से गदराई हुई डाली से उसका सिर लग गया। डाली राह में झुकी पड़ती थी। तारा ने देखा, कोई नहीं है; हाथ बढ़ाकर कुछ कैरियाँ तोड़ लीं।

सहसा किसी ने कहा-"और तोड़ लो मामी, कल तो यह नीलाम ही होगा!"

तारा की अग्नि-बाण-सी आँखें किसी को जला देने के लिए खोजने लगीं। फिर उसके हृदय में

वही बहुत दिन की बात प्रतिध्वनित होने लगी-"किसका पाप किसको खा गया, रे!"-तारा चौंक उठी। उसने सोचा, रामा की कन्या व्यंग कर रही है- भीख लेने के लिए कह रही है। तारा होंठ चबाती हुई चली गई।

एक सौ पांच - एक ,

एक सौ पांच - दो ,

एक सौ पांच रुपये- तीन!

बोली हो गई। अमीन ने पूछा-"नीलाम का चौथाई रुपया कौन जमा करता है?"

एक गठीले युवक ने कहा-"चौथाई नहीं, कुल रुपये लीजिये।" तारा के नाम की रसीद बना रुपया सामने रख दिया गया।

श्यामा एक आम के वृक्ष के नीचे चुपचाप बैठी थी। उसे और कुछ नहीं सुनाई पड़ता था, केवल डुग्गियों के साथ एक-दो-तीन की प्रतिध्वनि कानों में गूँज रही थी। एक समझदार मनुष्य ने कहा-"चलो, अच्छा ही हुआ, तारा ने अनाथ लड़की के बैठने का ठिकाना तो बना रहने दिया; नहीं तो गंगा किनारे का घर और तीन बीघे की बारी, एक सौ पांच रुपये में! तारा ने बहुत अच्छा किया।"

बुढ़िया मन्त्री ने कहा-"भगवान् जाने, ठिकाना कहाँ होगा!"

श्यामा चुपचाप सुनती रही। सन्ध्या हो गई। जिनका उसी अमराई में नीड़ था, उन पक्षियों का झुण्ड कलरव करता हुआ घर लौटने लगा। पर श्यामा न हिली; उसे भूल गया कि उसके भी घर है।

बुढ़िया के साथ अमीन साहब आकर खड़े हो गये। अमीन एक सुन्दर कहे जाने योग्य युवक थे, और उनका यह सहज विश्वास था कि कोई भी स्त्री हो, मुझे एक बार अवश्य देखेगी। श्यामा के सौन्दर्य को तो दारिद्रय ने ढँक लिया था; पर उसका यौवन छिपने के योग्य न था। कुमार यौवन अपनी क्रीड़ा में विह्वल था। अमीन ने कहा-"मन्त्री! पूछो, मैं रुपया दे दूँ-अभी एक महीने की अवधि है, रुपया दे देने से नीलाम रुक जायगा!"

श्यामा ने एक बार तीखी आँखों से अमीन की ओर देखा। वह पुष्ट कलेवर अमीन, उस अनाथ बालिका की दृष्टि न सह सका, धीरे से चला गया। मन्त्री ने देखा , बरसात की-सी गीली चिता श्यामा की आँखों में जल रही है। मन्त्री का साहस न हुआ कि उससे घर चलने के लिए कहे। उसने सोचा, ठहरकर आऊँगी तो इसे घर लिवा जाऊँगी। परन्तु जब वह लौटकर आई, तो रजनी के अन्धकार में बहुत खोजने पर भी श्यामा को न पा सकी।

तारा का उत्तराधिकारी हुआ-उसके भाई का पुत्र प्रकाश। अकस्मात् सम्पत्ति मिल जाने से जैसा प्राय: हुआ करता है, वही हुआ-प्रकाश अपने-आपे में न रह सका। वह उस देहात में प्रथम श्रेणी का विलासी बन बैठा। उसने तारा के पहले घर से कोस-भर दूर श्यामा की बारी को भली-भाँति सजाया; उसका कच्चा घर तोड़कर बंगला बन गया। अमराई में सड़कें और क्यारियाँ दौड़ने लगीं। यहीं प्रकाश बाबू की बैठक जमी। अब इसे उसके नौकर 'छावनी' कहते थे।

आषाढ़ का महीना था। सबेरे ही बड़ी उमस थी। पुरवाई से घनमण्डल स्थिर हो रहा था। वर्षा होने की पूरी सम्भावना थी। पक्षियों के झुण्ड आकाश में अस्त-व्यस्त घूम रहे थे। एक पगली गंगा के तट के ऊपर की ओर चढ़ रही थी। वह अपने प्रत्येक पाद-विक्षेप पर एक-दो-तीन अस्फुट स्वर से कह देती, फिर आकाश की ओर देखने लगती थी। अमराई के खुले फाटक से वह घुस आई, और पास के वृक्षों के नीचे घूमती हुई "एक-दो-तीन" करके गिनने लगी।

लहरीले पवन का एक झोंका आया; तिरछी बूँदों की एक बाढ़ पड़ गई। दो-चार आम भी चू पड़े। पगली घबरा गई। तीन से अधिक वह गिनना ही नहीं जानती थी। इधर बूँदों को गिने कि आमों को!

बड़ी गड़बड़ी हुई। पर वह मेघ का टुकड़ा बरसता हुआ निकल गया। पगली एक बार स्वस्थ हो गई।

महोखा एक डाल से बोलने लगा। डुग्गी के समान उसका "डूप-डूप-डूप" शब्द पगली को पहचाना हुआ-सा मालूम पड़ा। वह फिर गिनने लगी-एक-दो-तीन! उसके चुप हो जाने पर पगली ने डालों की ओर देखा और प्रसन्न होकर बोली-एक-दो-तीन! इस बार उसकी गिनती में बड़ा उल्लास था, विस्मय था और हर्ष भी। उसने एक ही डाल में पके हुए तीन आमों को वृन्तों-सहित तोड़ लिया, और उन्हें झुकाते हुए गिनने लगी। पगली इस बार सचमुच बालिका बन गई, जैसे खिलौने के साथ खेलने लगी।

माल आ गया। उसने गाली दी, मारने के लिए हाथ उठाया। पगली अपना खेल छोड़कर चुपचाप उसकी ओर एकटक देखने लगी। वह उसका हाथ पकड़कर प्रकाश बाबू के पास ले चला।

प्रकाश यक्ष्मा से पीड़ित होकर इन दिनों यहाँ निरन्तर रहने लगा था। वह खाँसता जाता था; और तकिये के सहारे बैठा हुआ पीकदान में रक्त और कफ थूकता जाता था। कंकाल-सा शरीर पीला पड़ गया था। मुख में केवल नाक और बड़ी-बड़ी आँखे अपना अस्तित्व चिल्लाकर कह रही थीं। पगली को पकड़कर माली उसके सामने ले आया।

विलासी प्रकाश ने देखा, पागल यौवन अभी उस पगली के पीछे लगा था। कामुक प्रकाश को आज अपने रोग पर क्रोध हुआ, और पूर्ण मात्रा में हुआ। पर क्रोध धक्का खाकर पगली की ओर चला आया। प्रकाश ने आम देखकर ही समझ लिया और फूहड़ गालियों की बौछार से उसकी अभ्यर्थना की।

पगली ने कहा-"यह किस पाप का फल है? तू जानता है, इसे कौन खायगा? बोल! कौन मरेगा? बोल! एक-दो-तीन"-

"चोरी को पागलपन में छिपाना चाहती है! अभी तो तुझे बीसों चाहने वाले मिलेंगे! चोरी क्यों करती है?"-प्रकाश ने कहा।

एक बार पगली का पागलपन, लाल वस्त्र पहनकर उसकी आँखों में नाच उठा। उसने आम तोड़-तोड़ कर प्रकाश के क्षय-जर्जर हृदय पर खींचकर मारते हुए गिना-एक-दो-तीन! प्रकाश तकिये पर चित्त लेटकर हिचकियाँ लेने लगा और पगली हँसते हुए गिनने लगी-एक-दो-तीन। उनकी प्रतिध्वनि अमराई में गूँज उठी।

कला

उसके पिता ने बड़े दुलार से उसका नाम रक्खा था-›कला›। नवीन इन्दकला-सी वह आलोकमयी और आँखों की प्यास बुझानेवाली थी। विद्यालय में सबकी दृष्टि उस सरल-बालिका की ओर घूम जाती थी; परन्तु रूपनाथ और रसदेव उसके विशेष भक्त थे। कला भी कभी-कभी उन्हीं दोनों से बोलती थी, अन्यथा वह एक सुन्दर नीरवता ही बनी रहती।

तीनों एक-दूसरे से प्रेम करते थे, फिर भी उनमें डाह थी। वे एक-दूसरे को अधिकाधिक अपनी ओर आकर्षित देखना चाहते थे। छात्रावास में और बालकों से उनका सौहार्द नहीं। दूसरे बालक और बालिकायें आपस में इन तीनों की चर्चा करतीं।

कोई कहता-"कला तो इधर आँख उठाकर देखती भी नहीं।"

दूसरा कहता-"रूपनाथ सुन्दर तो है, किन्तु बड़ा कठोर।"

तीसरा कहता-"रसदेव पागल है। उसके भीतर न जाने कितनी हलचल है। उसकी आँखों में निश्छल अनुराग है; पर कला को जैसे सबसे अधिक प्यार करता है।"

उन तीनों को इधर ध्यान देने का अवकाश नहीं। वे छात्रावास की फुलवारी में, अपनी धुन में मस्त विचरते थे। सामने गुलाब के फूल पर एक नीली तितली बैठी थी। कला उधर देखकर गुनगुना रही थी। उसकी सजन स्वर-लहरी अवगुण्ठित हो रही थी। पतले-पतले अधरों से बना हुआ छोटे-से मुँह का अवगुण्ठन उसे ढँकने में असमर्थ था। रूप एकटक देख रहा था और रस नीले आकाश में आँखे गड़ाकर उस गुञ्जार की मधुर श्रुति में काँप रहा था।

रूप ने कहा-"आह, कला! जब तुम गुनगुनाने लगती हो, तब तुम्हारे अधरों में कितनी लहरें खेलती है। भवें जैसे अभिव्यक्ति के मंच पर चढ़ती-उतरती कितनी अमिट रेखायें हृदय पर बना देती हैं।" रूप की बातें सुनकर कला ने गुनगुनाना बन्द कर दिया। रस ने व्याघात समझ कर भ्रू-भंग सहित उसकी ओर देखा।

कला ने कहा-"अब मैं घर जाऊँगी, मेरी शिक्षा समाप्त हो चुकी।"

दोनों लुट गये। रूप ने कहा- "मैं तुम्हारा चित्र बनाकर उसकी पूजा करूँगा।"

रस ने कहा-"भला तुम्हें कभी भूल सकता हूँ।"

कला चली गई। एक दिन वसन्त के गुलाब खिले थे, सुरभि से छात्रावास का उद्यान भर रहा था। रूपनाथ और रसदेव बैठे हुए कला की बातें कर रहे थे।

रूपनाथ ने कहा-"उसका रूप कितना सुन्दर है!"

रसदेव ने कहा-"और उसके हृदय के सौन्दर्य का तो तुम्हें ध्यान ही नहीं।"

"हृदय का सौन्दर्य ही तो आकृति ग्रहण करता है, तभी मनोहरता रूप में आती है।"

"परन्तु कभी-कभी हृदय की अवस्था आकृति से नहीं खुलती, आँखे धोखा खाती हैं।"

"मैं रूप से हृदय की गहराई नाप लूँगा। रसदेव, तुम जानते हो कि मैं रेखा-विज्ञान में कुशल हूँ। मैं चित्र बनाकर उसे जब चाहूँगा, प्रत्यक्ष कर लूँगा। उसका वियोग मेरे लिए कुछ भी नहीं है।"

"आह! रूपनाथ! तुम्हारी आकांक्षा साधन-सापेक्ष है। भीतर की वस्तु को बाहर लाकर संसार की दूषित वायु से उसे नष्ट होने के लिए। ...."

"चुप रहो, तुम मन-ही-मन गुनगुनाया करो। कुछ है भी तुम्हारे हृदय में? कुछ खोलकर कह या दिखला सकते हो? .... कहकर रूपनाथ उठकर जाने लगा।

क्षुब्ध होकर उसका कन्धा पीछे से पकड़ते हुए रसदेव ने कहा-"तो मैं उसकी उपासना करने में असमर्थ हूँ?"

रूपनाथ अवहेलना में देखता हुआ मुस्कराता चला गया।

काल के विश्रृंखल पवन ने उन तीनों को जगत् के अञ्चल पर बिखेर दिया, पर वे सदैव एक दूसरे को स्मरण करते रहे। रूपनाथ एक चतुर चित्रकार बन गया। केवल कला का चित्र बनाने के लिए अपने अभ्यास को उसने और भी प्रखर कर लिया। वह अपनी प्रेम-छवि की पूजा के नित्य नये उपकरण जुटाता। वह पवन के थपेड़े से मुँह फेरे हुए फूलों का श्रृङ्गार , चित्रपटी के जंगलों को देता। उसकी तूलिका से जड़ होकर भीतरी आन्दोलनों से बाह्य दृश्य अनेक सुन्दर आकृतियों की विकृतियों में स्थायी बना दिये जाते। उसकी बड़ी ख्याति थी। फिर भी उसका गर्वस्फीत सिर अपनी चित्रशाला में आकर न जाने क्यों नीचे झुक जाता। वह अपने अभाव को जानता था, पर किसी से कहता न था। वह आज भी कला का अपने मनोनुकूल चित्र नहीं बना पाया।

रसदेव का जीवन नीरव निकुञ्जों में बीत रहा था। वह चुपचाप रहता। नदी-तट पर बैठे हुए उस पार की परियाली देखते-देखते अन्धकार का परदा खींच लेना, यही उसकी दिनचर्या थी, और नक्षत्र-माला-सुशोभित गगन के नीचे अवाक्, निस्पन्द पड़े हुए , सकुतूहल आँखों से जिज्ञासा करती उसकी रात्रिचर्या।

कुछ संगीतों की असंगति और कुछ अस्पष्ट छाया उसके हृदय की निधि थी, पर लोग उसे निकम्मा, पागल और आलसी कहते। एकाएक रजनी में, सरिता कलोल करती हुई बही जा रही थी। रसदेव ने कल्पना के नेत्रों से देखा, अकस्मात् नदी का जल स्थिर हो गया और अपने मरकत-मृणाल पर एक सहस्रदल मणि-पद्म जल-तल के ऊपर आकर नैशपवन में झूमने लगा। लहरों में स्वर के उपकरण से मूर्ति बनी, फिर नूपुरों की झनकार होने लगी। धीर मन्थर गति से तरल आस्तरण पर पैर रखते हुए एक छवि आकर उस कमल पर बैठ गई।

रसदेव बड़बड़ा उठा। वह काली रजनीवाले दुष्ट दिनों की दुःख-गाथा और आज की वैभवशालिनी निशा की सुख-कथा मिलाकर कुछ कहने लगा। वह छवि सुनती-सुनती मुस्कराने लगी, फिर चली गई। नूपुरों की मधुर-मधुर ध्वनि अपने संगीत का आधार उसे देती गई। विश्व का रूप रसमय हो गया। आकृतियों का आवरण हट गया। रसदेव की आँखें पारदर्शी हो गईं। आज रसदेव के हृदय की अव्यक्त ध्वनि सार्थक हो गई। वह कोमल पदावली गाने लगा।

नगर में आज बड़ी धूम-धाम है। जिसे देखो, रंगशाला की ओर दौड़ा जा रहा है। रंगशाला के विशिष्ट मञ्च पर सम्पन्न चित्रकार रूपनाथ, ठाटबाट से बैठा है। धनी, शिक्षित और अधिकारी लोग अपने आसनों पर जमे हैं! वीणा और मृदंग की मधुर-ध्वनि के साथ अभिनेत्री ने यवनिका उठते ही पदार्पण किया। नूपुर की झनकारों की लहर ठहर-ठहर कर उठने लगी। उँगली और कलाई, कटि और बाहुमूल स्वर की मरोर से बल खा रहे थे। लोगों ने कहा-"देखने की वस्तु आज ही दिखलाई पड़ी। जीवन का सबसे बड़ा लाभ आज ही मिला।"

कितने सहृदय अपने उछलते हुए हृदय को हाथों से दबाये थे। शालीनता उनके लिए विपत्ति

बन गई थी।

चित्रकार का अन्धभक्त धनकुबेर भी पास ही बैठा था। उसने कहा-"रूपनाथ, इसका एक सुन्दर चित्र बनाकर तुम मुझे दे सकोगे?"

चित्रकार ने देखा, एक अतुलनीय छविराशि! तूलिका इसके समीप पहुँच सकेगी? वह आँखों में अंकित करने लगा। सहसा अभिनेत्री के अधर खुल पड़े। नृत्य-श्वास-शलथ प्रश्वास क्षण भर के लिए रुके, बाँसुरी बज उठी। वागेश्वरी के स्वरों के कम्पन की लहरें ज्योति-सी बिखरने लगीं। चित्रकार पुकार उठा-"कला!"

परन्तु यह क्या, उसने देखा, कला सजीव चित्र थी। उसकी पूर्णता स्वर-कम्पन के ज्योति-मण्डल में ओतप्रोत थी। उसने पागलों की तरह चिल्लाकर कहा-"मैं असफल हूँ। मैं इस भाव को रूप नहीं दे सकूँगा।" वह उठकर चला गया।

कंगाल रसदेव भी पीछे के मञ्च पर अपने एक साथी के साथ बैठा था। उसने कहा- "रसदेव, यह तो तुम्हारी बनाई हुई, 'स्मृति' नाम की कविता गा रही है; तुम्हारी रसमयी भावुकता ही इस स्वर्गीय संगीत का केन्द्र है, आत्मा है। जैसे वर्णमाला पहनकर आलोक-शिखा नृत्य कर रही है।"

संगीत में उस समय विश्राम था। अभिनेत्री ने वीणा और मृदंग को संकेत से रोककर मूक अभिनय आरम्भ कर दिया था। अपने झलमले अञ्चल को माया-जाल के समान फैलाकर स्मृति की प्रत्यक्ष अनुभूति बन रही थी। कवि की मधुर वाणी उसे सुनाई पड़ी। कवि रसदेव ने अपने साथी से हँसते हुए कहा-"इसकी अन्तिम और मुख्य पदावली यह भूल गई, उसका अर्थ है-मेरी भूल ही तेरा रहस्य है, इसीलिए कितनी ही कल्पनाओं में तुझे खोजता हूँ, देखता हूँ, हे मेरे चिर सुन्दर!"

वह स्मृति में जैसे जग पड़ी। उसने सतृष्ण दृष्टि से उस कहने वाले को खोजा और अपने बधाई के फूल-विजयमाला-उस दूर खड़े कंगाल कवि के चरणों में श्रद्धांजलि के सदृश बिखेरने चाहे।

रसदेव ने गर्वस्फीत सर झुका दिया।

देवदासी

१

'........'

1.3.25

प्रिय रमेश!

परदेस में किसी अपने के घर लौट आने का अनुरोध बड़ी सान्त्वना देता है, परन्तु अब तुम्हारा मुझे बुलाना एक अभिनय-सा है। हाँ, मैं कटूक्ति करता हूँ, जानते हो क्यों? मैं झगडऩा चाहता हूँ, क्योंकि संसार में अब मेरा कोई नहीं है, मैं उपेक्षित हूँ। सहसा अपने का-सा स्वर सुनकर मन में क्षोभ होता है। अब मेरा घर लौटकर आना अनिश्चित है। मैंने '--' के हिन्दी-प्रचार-कार्यालय में नौकरी कर ली है। तुम तो जानते ही हो कि मेरे लिए प्रयाग और '--' बराबर हैं। अब अशोक विदेश में भूखा न रहेगा। मैं पुस्तक बेचता हूँ।

यह तुम्हारा लिखना ठीक है कि एक आने का टिकट लगाकर पत्र भेजना मुझे अखरता है। पर तुम्हारे गाल यदि मेरे समीप होते, तो उन पर पाँचों नहीं तो मेरी तीन उँगलियाँ अपना चिह्न अवश्य ही बना देतीं; तुम्हारा इतना साहस-मुझे लिखते हो कि बेयरिंग पत्र भेज दिया करो! ये सब गुण मुझमें होते, तो मैं भी तुम्हारी तरह प्रेस में प्रूफरीडर का काम करता होता। सावधान, अब कभी ऐसा लिखोगे, तो मैं उत्तर भी न दूँगा।

लल्लू को मेरी ओर से प्यार कर लेना। उससे कह देना कि पेट से बचा सकूँगा, तो एक रेलगाड़ी भेज दूँगा।

यद्यपि अपनी यात्रा का समाचार बराबर लिखकर मैं तुम्हारा मनोरंजन न कर सकूँगा, तो भी सुन लो। '....' में एक बड़ा पर्व है, वहाँ '....' का देवमन्दिर बड़ा प्रसिद्ध है। तुम तो जानते होगे कि दक्षिण में कैसे-कैसे दर्शनीय देवालय हैं, उनमें भी यह प्रधान है। मैं वहाँ कार्यालय की पुस्तकें बेचने के लिए जा रहा हूँ।

तुम्हारा,

अशोक

पुनश्च-

मुझे विश्वास है कि मेरा पता जानने के लिए कोई उत्सुक न होगा। फिर भी सावधान! किसी पर प्रकट न करना।

२

'........'

10.3.25

प्रिय रमेश!

रहा नहीं गया! लो सुनो-मन्दिर देखकर हृदय प्रसन्न हो गया, ऊँचा गोपुरम्, सुदृढ़ प्राचीर, चौड़ी परिक्रमाएँ और विशाल सभा-मण्डप भारतीय स्थापत्य-कला के चूड़ान्त निदर्शन हैं। यह देव-मन्दिर हृदय पर गम्भीर प्रभाव डालता है। हम जानते हैं कि तुम्हारे मन में यहाँ के पण्डों के लिए प्रश्न होगा, फिर भी वे उत्तरीय भारत से बुरे नहीं हैं। पूजा और आरती के समय एक प्रभावशाली वातावरण हृदय को भारावनत कर देता है।

मैं कभी-कभी एकटक देखता हूँ-उन मन्दिरों को ही नहीं, किन्तु उस प्राचीन भारतीय संस्कृति को, जो सर्वोच्च शक्ति को अपनी महत्ता, सौन्दर्य और ऐश्वर्य के द्वारा व्यक्त करना जानती थी। तुमसे कहूँगा, यदि कभी रुपये जुटा सको, तो एक बार दक्षिण के मन्दिरों को अवश्य देखना, देव-दर्शन की कला यहाँ देखने में आती है। एक बात और है, मैं अभी बहुत दिनों तक यहाँ रहूँगा। मैं यहाँ की भाषा भली-भाँति बोल लेता हूँ। मुझे परिक्रमा के भीतर ही एक कोठरी संयोग से मिल गई है। पास में ही एक कुँआ भी है। मुझे प्रसाद भी मन्दिर से ही मिलता है। मैं बड़े चैन से हूँ। यहाँ पुस्तकें बेच भी लेता हूँ, सुन्दर चित्रों के कारण पुस्तकों की अच्छी बिक्री हो जाती है। गोपुरम् के पास ही मैं दूकान फैला देता हूँ और महिलाएँ मुझसे पुस्तकों का विवरण पूछती हैं। मुझे समझाने में बड़ा आनन्द आता है। पास ही बड़े सुन्दर-सुन्दर दृश्य हैं-नदी, पहाड़ और जंगल सभी तो हैं। मैं कभी-कभी घूमने भी चला जाता हूँ। परन्तु उत्तरीय भारत के समान यहाँ के देवविग्रहों के समीप हम लोग नहीं जा सकते। दूर से ही दीपालोक में उस अचल मूर्ति की झाँकी हो जाती है। यहाँ मन्दिरों में संगीत और नृत्य का भी आनन्द रहता है। बड़ी चहल-पहल है। आजकल यात्रियों के कारण और भी सुन्दर-सुन्दर प्रदर्शन होते हैं।

तुम जानते हो कि मैं अपना पत्र इतना सविस्तार क्यों लिख रहा हूँ!-तुम्हारे कृपण और संकुचित हृदय में उत्कण्ठा बढ़ाने के लिए! मुझे इतना ही सुख सही।

तुम्हारा,
अशोक

३

'........'
17.3.25

प्रिय रमेश!

समय की उलाहना देने की प्राचीन प्रथा को मैं अच्छा नहीं समझता। इसलिए जब वह शुष्क मांसपेशी अलग दिखाने वाला, चौड़ी हड्डियों का अपना शरीर लठिया के बल पर टेकता हुआ, चिदम्बरम् नाम का पण्डा मेरे समीप बैठकर अपनी भाषा में उपदेश देने लगता है, तो मैं घबरा जाता हूँ। वह समय का एक दुर्दृश्य चित्र खींचकर, अभाव और आपदाओं का उल्लेख करके विभीषिका उत्पन्न करता है। मैं उनसे मुक्त हूँ ; भोजन मात्र के लिए अर्जन करके सन्तुष्ट घूमता हूँ-सोता हूँ। मुझे समय की क्या चिन्ता है। पर मैं यह जानता हूँ कि वही मेरा सहायक है-मित्र है, इतनी आत्मीयता दिखलाता है कि मैं उसकी उपेक्षा नहीं कर सकता। अहा, एक बात तो लिखना मैं भूल ही गया था! उसे अवश्य लिखूँगा क्योंकि तुम्हारे सुने बिना मेरा सुख अधूरा रहेगा। मेरे सुख को मैं ही जानूँ, तब उसमें धरा ही क्या है, जब तुम्हें उसकी डाह न हो! तो सुनो- सभा-मण्डप के शिल्प-रचनापूर्ण स्तम्भ से टिकी हुई एक उज्ज्वल श्यामवर्ण की बालिका को अपनी पतली बाहुलता के सहारे घुटने को छाती से लगाये प्रायः बैठी हुई देखता हूँ। स्वर्ण-मल्लिका की माला उसके जूड़े से लगी रहती है। प्रायः वह कुसुमाभरण-भूषिता रहती है। उसे देखने का मुझे चस्का लग गया है। वह मुझसे हिन्दी सीखना

चाहती है। मैं तुमसे पूछता हूँ कि उसे पढ़ाना आरम्भ कर दूँ? उसका नाम है पद्मा। चिदम्बरम् और पद्मा में खूब पटती है, वह हरिनी की तरह झिझकती भी है। पर न जाने क्यों मेरे पास आ बैठती है, मेरी पुस्तकें उलट-पलट देती है। मेरी बातें सुनते-सुनते वह ऐसी हो जाती है, जैसे कोई आलाप ले रही हो और मैं प्राय: आधी बात कहते-कहते रुक जाता हूँ। इसका अनुभव मुझे तब होता है, जब मेरे दृष्टि-पथ से वह हट जाती है। उसे देखकर मेरे हृदय में कविता करने की इच्छा होती है, यह क्यों? मेरे हृदय का सोता हुआ सौन्दर्य जाग उठता है। तुम मुझे नीच समझोगे और कहोगे कि अभागे अशोक के हृदय की स्पर्द्धा तो देखो! पर मैं सच कहता हूँ, उसे देखने पर मैं अनन्त ऐश्वर्यशाली हो जाता हूँ।

हाँ, वह मन्दिर में नाचती और गाती है। और भी बहुत-सी हैं, पर मैं कहूँगा, वैसी एक भी नहीं। लोग उसे देवदासी पद्मा कहते हैं, वे अधम हैं; वह देवबाला पद्मा है!

वही,

अशोक

४

'........'
28.3.25

प्रिय रमेश!

तुम्हारा उलाहना निस्सार है। मैं इस समय केवल पद्मा को समझ सकता हूँ। फिर अपने या तुम्हारे कुशल-मंगल की चर्चा क्यों करूँ? तुम उसका रूप-सौन्दर्य पूछते हो, मैं उसका विवरण देने में असमर्थ हूँ। हृदय में उपमाएँ नाचकर चली जाती हैं, ठहरने नहीं पातीं कि मैं लिपि-बद्ध करूँ। वह एक ज्योति है, जो अपनी महत्ता और आलोक में अपना अवयव छिपाये रखती है। केवल तरल, नील, शुभ्र और करुण आँखें मेरी आँखों से मिल जाती हैं, मेरी आँखों में श्यामा कादम्बिनी की शीतलता छा जाती है। और संसार के अत्याचारों से निराश इस झंझरीदार कलेजे के वातायन से वह स्निग्ध मलयानिल के झोंके की तरह घुस आती है। एक दिन की घटना लिखे बिना नहीं रहा जाता- मैं अपनी पुस्तकों की दूकान फैलाये बैठा था। गोपुरम् के समीप ही वह कहीं से झपटी हुई चली आती थी। दूसरी ओर से एक युवक उसके सामने आ खड़ा हुआ। वह युवक, मन्दिर का कृपा-भाजन एक धनी दर्शनार्थी था; यह बात उसके कानों के चमकते हुए हीरे के 'टप' से प्रकट थी। वह बेरोक-टोक मन्दिर में चाहे जहाँ आता-जाता है। मन्दिर में प्राय: लोगों को उससे कुछ मिलता है; सब उसका सम्मान करते हैं। उसे सामने देखकर पद्मा को खड़ी होना पड़ा। उसने बड़ी नीच मुखाकृति से कुछ बातें कहीं, किन्तु पद्मा कुछ न बोली। फिर उसने स्पष्ट शब्दों में रात्रि को अपने मिलने का स्थान निर्देश किया। पद्मा ने कहा-" मैं नहीं आ सकूँगी।" वह लाल-पीला होकर बकने लगा। मेरे मन में क्रोध का धक्का लगा, मैं उठकर उसके पास चला आया। वह मुझे देखकर हटा तो, पर कहता गया कि-" अच्छा देख लूँगा!"

उस नील-कमल से मकरन्द-बिन्दु टपक रहे थे। मेरी इच्छा हुई कि वह मोती बटोर लूँ। पहली बार मैंने उन कपोलों पर हाथ लगाकर उन्हें लेना चाहा। आह, उन्होंने वर्षा कर दी! मैंने पूछा-" उससे तुम इतनी भयभीत क्यों हो?"

" मन्दिर में दर्शन करने वालों का मनोरंजन करना मेरा कर्तव्य है; मैं देवदासी हूँ!"-उसने कहा।

" यह तो बड़ा अत्याचार है। तुम क्यों यहाँ रहकर अपने को अपमानित करती हो?-मैंने कहा।

" कहाँ जाऊँ, मैं देवता के लिए उत्सर्ग कर दी गई हूँ।"-उसने कहा।

" नहीं-नहीं, देवता तो क्या, राक्षस भी मानव-स्वभाव की बलि नहीं लेता-वह तो रक्त-मांस से ही

सन्तुष्ट हो जाता है। तुम अपनी आत्मा और अन्त:करण की बलि क्यों करती हो?"-मैंने कहा।

" ऐसा न कहो, पाप होगा; देवता रुष्ट होंगे।"-उसने कहा।

" पापों को देवता खोजें, मनुष्य के पास कुछ पुण्य भी है, पद्मा! तुम उसे क्यों नहीं खोजती हो? पापों का न करना ही पुण्य नहीं। तुम अपनी आत्मा की अधिकारिणी हो, अपने हृदय की तथा शरीर की सम्पूर्ण स्वामिनी हो, मत डरो। मैं कहता हूँ कि इससे देवता प्रसन्न होंगे; आशीर्वाद की वर्षा होगी।"-मैंने एक साँस में कहकर देखा कि उसके मस्तक में उज्ज्वलता आ गई है, वह एक स्फूर्ति का अनुभव करने लगी है। उसने कहा-" अच्छा, तो फिर मिलूँगी।"

वह चली गई। मैंने देखा कि बूढ़ा चिदम्बरम् मेरे पीछे खड़ा मुस्करा रहा है। मुझे क्रोध भी आया पर कुछ न बोलकर, मैंने पुस्तक बटोरना आरम्भ किया।

तुम कुछ अपनी सम्मति दोगे?

-अशोक

५

'........'
1.4.25

रमेश!

कल संगीत हो रहा था। मन्दिर आलोक-माला से सुसज्जित था। नृत्य करती हुई पद्मा गा रही थी " नाम-समेतं वृत-संकेतं वादयते मृदु-वेणुं ....।" ओह! वे संगीत-मदिरा की लहरें थीं। मैं उनमें ऊभ-चूभ होने लगा। उसकी कुसुम-आभरण से भूषित अंगलता के सञ्चालन से वायुमण्डल सौरभ से भर जाता था। वह विवश थी, जैसे कुसुमिता लता तीव्र पवन के झोंके से रागों के स्वर का स्पन्दन उसके अभिनय में था। लोग उसे विस्मय-विमुग्ध देखते थे। पर न जाने क्यों, मेरे मन में उद्वेग हुआ, मैं जाकर अपनी कोठरी में पड़ रहा। आज कार्यालय से लौट जाने के लिए पत्र आया था। उसी को विचारता हुआ कब तक आँखें बन्द किये पड़ा रहा, मुझे विदित नहीं, सहसा सायँ-सायँ, फुस-फुस का शब्द सुनाई पड़ा; मैं ध्यान लगाकर सुनने लगा।

ध्यान देने पर मैं जान गया कि दो व्यक्ति बातें कर रहे थे-चिदंबरम् और रामस्वामी नाम का वही धनी युवक। मैं मनोयोग से सुनने लगा-

चिदम्बरम्-तुमने आज तक उसकी इच्छा के विरुद्ध बड़े-बड़े अत्याचार किये हैं, अब जब वह नहीं चाहती, तो तुम उसे क्यों सताते हो?

रामस्वामी-सुनो चिदम्बरम्, सुन्दरियों की कमी नहीं; पर न जाने क्यों मेरा हृदय उसे छोड़कर दूसरी ओर नहीं जाता। वह इतनी निरीह है कि उसे मसलने में आनन्द आता है! एक बार उससे कह दो, मेरी बातें सुन ले, फिर जो चाहे करे।

चिदम्बरम् चला गया और उसकी बातें बन्द हुईं। और सच कहता हूँ, मन्दिर से मेरा मन प्रतिकूल होने लगा। पैरों के शब्द हुए, वही जैसे रोती हुई बोली-" रामस्वामी मुझ पर दया न करोगे?" ओह! कितनी वेदना थी उसके शब्दों में। परन्तु रामस्वामी के हृदय में तीव्र ज्वाला जल रही थी। उसके वाक्यों में लू-जैसी झुलस थी। उसने कहा-पद्मा! यदि तुम मेरे हृदय की ज्वाला समझ सकती, तो तुम ऐसा न कहती। मेरे हृदय की तुम अधिष्ठात्री हो, तुम्हारे बिना मैं जी नहीं सकता। चलो, मैं देवता का कोप सहने के लिए प्रस्तुत हूँ, मैं तुम्हें लेकर कहीं चल चलूँगा।

" देवता का निर्माल्य तुमने दूषित कर दिया है, पहले इसका तो प्रायश्चित्त करो। मुझे केवल देवता

के चरणों में मुरझाये हुए फूल के समान गिर जाने दो। रामस्वामी, ऐसा स्मरण होता है कि मैं भी तुम्हे चाहने लगी थी। उस समय मेरे मन में यह विश्वास था कि देवता यदि पत्थर के न होंगे, तो समझेंगे कि यह मेरे मांसल यौवन और रक्तपूर्ण हृदय की साधारण आवश्यकता है। मुझे क्षमा कर देंगे। परन्तु मैं यदि वैसा पुण्य परिणय कर सकती! आह! तुम इस तपस्वी के कुटी समान हृदय में इतना सौन्दर्य लेकर क्यों अतिथि हुए! रामस्वामी, तुम मेरे दुःखों के मेघ में वज्रपात थे।"

पद्मा रो रही थी। सन्नाटा हो गया। सहसा जाते-जाते रामस्वामी ने कहा-"मैं तुम्हारे बिना नहीं रह सकता!" रमेश! मैं भी पद्मा के बिना नहीं रह सकता; मैंने भी कार्यालय में त्याग-पत्र भेज दिया है। भूखों मरूँगा, पर उपाय क्या है?

-अभागा अशोक

६

'..........'
2.4.25

रमेश!

मैं बड़ा विचलित हो रहा हूँ। एक कराल छाया मेरे जीवन पर पड़ रही है! अदृष्ट मुझे अज्ञात पथ पर खींच रहा है, परन्तु तुमको लिखे बिना नहीं रह सकता।

मधुमास में जंगली फूलों की भीनी-भीनी महक सरिता के कूल की शैलमाला को आलिंगन दे रही थी। मक्खियों की भन्नाहट का कलनाद गुञ्जरित हो रहा था। नवीन पल्लवों के कोमल स्पर्श से वनस्थली पुलकित थी। मैं जंगली जर्द चमेली के अकृत्रिम कुञ्ज के अन्तराल में बैठा, नीचे बहती हुई नदी के साथ बसन्त की धूप का खेल देख रहा था। हृदय में आशा थी। आह! वह अपने तुहिन-जाल से रत्नाकर के सब रत्नों को, आकाश से सब मुक्ताओं को निकाल, खींचकर मेरे चरणों में उझल देती थी। प्रभात की पीली किरणों से हेमगिरि को घसीट ले आती थी; और ले आती थी पद्मा की मौन प्रणय-स्वीकृति। मैं भी आज वन-यात्रा के उत्सव में देवता के भोग-विग्रह के साथ इस वनस्थली में आया था। बहुत-से नागरिक भी आये थे। देव-विग्रह विशाल वट-वृक्ष के नीचे स्थित हुआ और यात्री-दल इधर-उधर नदी-तट के नीचे शैलमाला, कुञ्जों, गह्वरों और घाटियों की हरियाली में छिप गया। लोग आमोद-प्रमोद , पान-भोजन में लग गये। हरियाली के भीतर से कहीं पिकलू, कहीं क्लारेनेट और देवदासियों के कोकिल-कण्ठ का सुन्दर स्वर निकलने लगा। वह कानन नन्दन हो रहा था और मैं उसमें विचरनेवाला एक देवता। क्यों? मेरा विश्वास था कि देवबाला पद्मा यहाँ है। वह भी देव-गृह के आगे-आगे नृत्य-गान करती हुई आई थी।

मैं सोचने लगा-" आह! वह समय भी आयेगा, जब मैं पद्मा के साथ एकान्त में इस कानन में विचरूँगा। वह पवित्र-वह मेरे जीवन का महत्तम योग कब आयेगा?" आशा ने कहा-'उसे आया समझो'। मैं मस्त होकर वंशी बजाने लगा। आज मेरी बाँस की बाँसुरी में बड़ा उन्माद था। वंशी नहीं, मेरा हृदय बज रहा था। चिदम्बरम्-आकर मेरे सामने खड़ा हो गया। वह भी मुग्ध था। उसने कभी मेरी बाँसुरी नहीं सुनी थी। जब मैंने अपनी आसावरी बन्द की, वह बोल उठा-'अशोक, तुम एक कुशल कलावन्त हो।' कहना न होगा कि वह देवदासियों का संगीत-शिक्षक भी था। वह चला गया और थोड़ी ही देर में पद्मा को साथ लिये आया। उसके हाथों में भोजन का सामान भी था। पद्मा को उसने उत्तेजित कर दिया था। वह आते ही बोली-'मुझे भी सुनाओ।' जैसे मैं स्वप्न देखने लगा। पद्मा और मुझसे अनुनय करे! मैंने कहा 'बैठ जाओ।' और जब वह कुसुम-कंकण मण्डित करों पर कपोल धरकर मल्लिका की छाया में आ बैठी, तो मैं बजाने लगा। रमेश, मैंने वंशी नहीं बजाई! सच कहता हूँ , मैं अपनी वेदना श्वासों से निकाल रहा था। इतनी करुण, इतनी स्निग्ध, मैं तानें ले-लेकर उसमें स्वयं पागल हो जाता था।

मेरी आँखों में मदविकार था, मुझे उस समय अपनी पलकें बोझ मालूम होती थीं।

बाँसुरी रखने पर भी उसकी प्रतिध्वनि का सोहाग वन-लक्ष्मी के चारों ओर घूम रहा था। पद्मा ने कहा-'सुन्दर! तुम सचमुच अशोक हो!' वन-लक्ष्मी पद्मा अचल थी। मुझे एक कविता सूझी! मैंने कहा-पद्मा! मैं कठोर पृथ्वी का अशोक, तुम तरल जल की पद्मा! भला अशोक के राग-भक्त के नव-पल्लवों में पद्मा का विकास कैसे होगा?

बहुत दिनों पर पद्मा हँस पड़ी। उसने कहा-'अशोक, तुम लोगों की वचन-चातुरी सीखूँगी। कुछ खा लो।' वह देती गई, मैं खाता गया। जब हम स्वस्थ होकर बैठे तो देखा, चिदम्बरम् चला गया है, पद्मा नीचे सिर किये अपने नखों को खुरच रही है। हम लोग सबसे ऊँचे कगारे पर थे। नदी की ओर ढालुवाँ पहाड़ी कगार था! मेरे सामने संसार एक हरियाली थी। सहसा रामास्वामी ने आकर कहा-'पद्मा, आज मुझे मालूम हुआ कि तुम उत्तरी दरिद्र पर मरती हो।' पद्मा ने छलछलाई आँखों से उसकी ओर देखकर कहा-'रामास्वामी! तुम्हारे अत्याचारों का कहीं अन्त है?'

'सो नहीं हो सकता। उठो, अभी मेरे साथ चलो।'

'ओह,! नहीं, तुम क्या मेरी हत्या करोगे? मुझे भय लगता है!

'मैं कुछ नहीं करूँगा। चलो, मैं इसके साथ तुम्हें नहीं देख सकता।' कहकर उसने पद्मा का हाथ पकड़कर घसीटा। वह कातर दृष्टि से मुझे देखने लगी। उस दृष्टि में जीवन भर के लिये किये गये अत्याचारों का विवरण था। उन्मत्त पिशाच-सदृश बल से मैंने रामास्वामी को धक्का दिया। और मैंने हत्बुद्धि होकर देखा, वह तीन सौ फीट नीचे चूर होता हुआ नदी के खरस्रोत में जा गिरा, यद्यपि मेरी वैसी इच्छा न थी। पद्मा ने आकर मेरी ओर भयपूर्ण नेत्रों से देखा और अवाक्! उसी समय चिदम्बरम् ने मेरा हाथ पकड़ लिया। पद्मा से कहा-'तुम देवदासियों में जाकर मिलो। सावधान! एक शब्द मुँह से न निकले। मैं अशोक को लेकर नगर की ओर जाता हूँ।' वह बिना उत्तर की प्रतीक्षा किये मुझे घसीटता ले चला। मैं नहीं जानता कि मैं कैसे घर पहुँचा। मैं कोठरी में अचेत पड़ा रहा। रात भर वैसे ही रहा। प्रभात होते ही तुम्हें पत्र लिख रहा हूँ। मैंने क्या किया! रमेश! तुम कुछ लिखो, मैं क्या करूँ!

-अधम अशोक

७

८.४.२५ ——

8.4.25

प्रिय रमेश!

तुम्हारा यह लिखना कि 'सावधान बनो! पत्र में ऐसी बातें अब न लिखना।' व्यर्थ है। मुझे भय नहीं, जीवन की चिन्ता नहीं।

नगर-भर में केवल यही जनश्रुति फैली है कि 'रामास्वामी उस दिन से कहीं चला गया है और वह पद्मा के प्रेम से हताश हो गया था।' मैं किंकर्तव्यविमूढ़ हूँ। चिदम्बरम् मुझे दो मुट्ठी भात खिलाता है। मैं मन्दिर के विशाल प्रांगण में कहीं-न-कहीं बैठा रहता हूँ। चिदम्बरम् जैसे मेरे उस जन्म का पिता है। परन्तु पद्मा, अहा! उस दिन से मैंने उसे गाते और नाचते नहीं देखा। वह प्रायः सभा-मण्डल के स्तम्भ में टिकी हुई, दोनों हाथों में अपने एक घुटने को छाती से लगाये अर्द्ध स्वप्रावस्था में बैठी रहती है। उसका मुख विवर्ण, शरीर क्षीण, पलक, अपांग और उसके श्वास में यान्त्रिक स्पन्दन है। नये यात्री कभी-कभी उसे देखकर भ्रम करते होंगे कि वह भी कोई प्रतिमा है। और मैं सोचता हूँ कि मैं हत्यारा हूँ। स्नेह से स्नान कर लेता हूँ, घृणा से मुँह ढँक लेता हूँ। उस घटना के बाद से हम तीनों में कभी इसकी चर्चा नहीं हुई। क्या सचमुच पद्मा रामास्वामी को चाहती थी? मेरे प्यार ने भी उसका अपकार

ही किया, और मैं? ओह! वह स्वप्न कैसा सुन्दर था!

रमेश! मैं? देवता की ओर देख भी नहीं सकता। सोचता हूँ कि मैं पागल हो जाऊँगा। फिर मन में आता है कि पद्मा भी बावली हो जायगी। परन्तु मैं पागल न हो सकूँगा; क्योंकि मैं पद्मा से कभी अपना प्रणय नहीं प्रकट कर सका। उससे एक बार कह देने की कामना है-पद्मा, मैं तुम्हारा प्रेमी हूँ। तुम मेरे लिए सुहागिनी के कुंकुम-बिन्द के समान पवित्र, इस मन्दिर के देवता की तरह भक्ति की प्रतिमा और मेरे दोनों लोक की निगूढ़तम आकांक्षा हो।

पर वैसा होने का नहीं। मैं पूछता हूँ कि पद्मा और चिदम्बरम् ने मुझे फाँसी क्यों नहीं दिलायी?

रमेश! अशोक विदा लेता है। वह पत्थर के मन्दिर का एक भिखारी है। अब वैसा नहीं कि तुम्हें पत्र लिखूँ और किसी से माँगूँगा भी नहीं। अधम, नीच अशोक लल्लू को किस मुँह से आशीर्वाद दे?

-हतभाग्य अशोक

समुद्र-संतरण

क्षितिज में नील जलधि और व्योम का चुम्बन हो रहा है। शान्त प्रदेश में शोभा की लहरियाँ उठ रही है। गोधूली का करुण प्रतिबिम्ब, बेला की बालुकामयी भूमि पर दिगन्त की तीक्षा का आवाहन कर रहा है।

नारिकेल के निभृत कुञ्जों में समुद्र का समीर अपना नीड़ खोज रहा था। सूर्य लज्जा या क्रोध से नहीं, अनुराग से लाल, किरणों से शून्य, अनन्त रसनिधि में डूबना चाहता है। लहरियाँ हट जाती हैं। अभी डूबने का समय नहीं है, खेल चल रहा है।

सुदर्शन प्रकृति के उस महा अभिनय को चुपचाप देख रहा है। इस दृश्य में सौन्दर्य का करुण संगीत था। कला का कोमल चित्र नील-धवल लहरों में बनता-बिगड़ता था। सुदर्शन ने अनुभव किया कि लहरों में सौर-जगत् झोंके खा रहा है। वह उसे नित्य देखने आता; परन्तु राजकुमार के वेष में नहीं। उसके वैभव के उपकरण दूर रहते। वह अकेला साधारण मनुष्य के समान इसे देखता, निरीह छात्र के सदृश इस गुरु दृश्य से कुछ अध्ययन करता। सौरभ के समान चेतन परमाणुओं से उसका मस्तक भर उठता। वह अपने राजमन्दिर को लौट जाता।

सुदर्शन बैठा था किसी की प्रतीक्षा में। उसे न देखते हुए, मछली फँसाने का जाल लिये, एक धीवर-कुमारी समुद्र-तट के कगारों पर चढ़ रही थी, जैसे पंख फैलाये तितली। नील भ्रमरी-सी उसकी दृष्टि एक क्षण के लिए कहीं नहीं ठहरती थी। श्याम-सलोनी गोधूली-सी वह सुन्दरी सिकता में अपने पद-चिह्न छोड़ती हुई चली जा रही थी।

राजकुमार की दृष्टि उधर फिरी। सायंकाल का समुद्र-तट उसकी आँखों में दृश्य के उस पार की वस्तुओं का रेखा-चित्र खींच रहा था। जैसे; वह जिसको नहीं जानता था, उसको कुछ-कुछ समझने लगा हो, और वही समझ, वही चेतना एक रूप रखकर सामने आ गई हो। उसने पुकारा-"सुन्दरी!"

जाती हुई सुन्दरी धीवर-बाला लौट आई। उसके अधरों में मुस्कान, आँखों में क्रीड़ा और कपोलों पर यौवन की आभा खेल रही थी, जैसे नील मेघ-खण्ड के भीतर स्वर्ण-किरण अरुण का उदय।

धीवर-बाला आकर खड़ी हो गई। बोली-"मुझे किसने पुकारा?"

"मैंने।"

"क्या कहकर पुकारा?"

"सुन्दरी!"

"क्यों, मुझमें क्या सौन्दर्य है? और है भी कुछ, तो क्या तुमसे विशेष?"

"हाँ, मैं आज तक किसी को सुन्दरी कहकर नहीं पुकार सका था, क्योंकि यह सौन्दर्य-विवेचना मुझमें अब तक नहीं थी।"

"आज अकस्मात् यह सौन्दर्य-विवेक तुम्हारे हृदय में कहाँ से आया?"

"तुम्हें देखकर मेरी सोई हुई सौन्दर्य-तृष्णा जाग गई।"

"परन्तु भाषा में जिसे सौन्दर्य कहते हैं, वह तो तुममें पूर्ण है।"

"मैं यह नहीं मानता, क्योंकि फिर सब मुझी को चाहते, सब मेरे पीछे बावले बने घूमते। यह तो नहीं हुआ। मैं राजकुमार हूँ; मेरे वैभव का प्रभाव चाहे सौन्दर्य का सृजन कर देता हो, पर मैं उसका स्वागत नहीं करता। उस प्रेम-निमन्त्रण में वास्तविकता कुछ नहीं।"

"हाँ, तो तुम राजकुमार हो! इसी से तुम्हारा सौन्दर्य सापेक्ष है।"

"तुम कौन हो?"

"धीवर-बालिका।"

"क्या करती हो?"

"मछली फँसाती हूँ।"-कहकर उसने जाल को लहरा दिया।

"जब इस अनन्त एकान्त में लहरियों के मिस प्रकृति अपनी हँसी का चित्र दत्तचित्त होकर बना रही, तब तुम उसके अञ्चल में ऐसा निष्ठुर काम करती हो?"

"निष्ठुर है तो, पर मैं विवश हूँ। हमारे द्वीप के राजकुमार का परिणय होने वाला है। उसी उत्सव के लिए सुनहली मछलियाँ फँसाती हूँ। ऐसी ही आज्ञा है।"

"परन्तु वह ब्याह तो होगा नहीं।"

"तुम कौन हो?"

"मैं भी राजकुमार हूँ। राजकुमारों को अपने चक्र की बात विदित रहती है, इसलिए कहता हूँ।"

धीवर-बाला ने एक बार सुदर्शन के मुख की ओर देखा, फिर कहा-

"तब तो मैं इन निरीह जीवों को छोड़ देती हूँ।"

सुदर्शन ने कुतूहल से देखा, बालिका ने अपने अञ्चल से सुनहली मछलियों की भरी हुई मूठ समुद्र में बिखेर दी; जैसे जल-बालिका वरुण के चरण में स्वर्ण-सुमनों का उपहार दे रही हो। सुदर्शन ने प्रगल्भ होकर उसका हाथ पकड़ लिया, और कहा- "यदि मैंने झूठ कहा, तो?"

"तो कल फिर जाल डालूँगी।"

"तुम केवल सुन्दरी ही नहीं, सरल भी हो।"

"और तुम वञ्चक हो।"-कहकर धीवर-बाला ने एक निश्वास ली, और सन्ध्या के समय अपना मुख फेर लिया। उसकी अलकावली जाल के साथ मिलकर निशीथ का नवीन अध्याय खोलने लगी। सुदर्शन सिर नीचा करके कुछ सोचने लगा। धीवर-बालिका चली गई। एक मौन अन्धकार टहलने लगा। कुछ काल के अन्तर दो व्यक्ति एक अश्व लिये आये। सुदर्शन से बोले-"श्रीमन्, विलम्ब हुआ। बहुत-से निमन्त्रित लोग आ रहे हैं। महाराज ने आपको स्मरण किया है।"

"मेरा यहाँ पर कुछ खो गया है, उसे ढूँढ़ लूँगा, तब लौटूँगा।"

"श्रीमन्, रात्रि समीप है।"

"कुछ चिन्ता नहीं, चन्द्रोदय होगा।"

"हम लोगों को क्या आज्ञा है?"

"जाओ।

सब लोग गये। राजकुमार सुदर्शन बैठा रहा। चाँदी का थाल लिये रजनी समुद्र से कुछ अमृत-भिक्षा लेने आई। उदार सिन्धु देने के लिए उमड़ उठा। लहरियाँ सुदर्शन के पैर चूमने लगीं। उसने

देखा, दिगन्त-विस्तृत जलराशि पर कोई गोल और धवल पाल उड़ाता हुआ अपनी सुन्दर तरणी लिए हुए आ रहा है। उसका विषय-शून्य हृदय व्याकुल हो उठा। उत्कट प्रतीक्षा-दिगन्त-गामिनी अभिलाषा-उसकी जन्मान्तर की स्मृति बनकर उस निर्जन प्रकृति में रमणीयता की-समुद्र-गर्जन में संगीत की सृष्टि करने लगी। धीरे-धीरे उसके कानों में एक कोमल अस्फुट नाद गूँजने लगा। उस दूरागत स्वर्गीय संगीत ने उसे अभिभूत कर दिया। नक्षत्र-मालिनी प्रकृति हीरे-नीलम से जड़ी पुतली के समान उसकी आँखों का खेल बन गई।

सुदर्शन ने देखा, सब सुन्दर है। आज तक जो प्रकृति उदास चित्र बनकर सामने आती थी, वह उसे हँसती हुई मोहनी और मधुर सौन्दर्य से ओतप्रोत दिखाई देने लगी। अपने में और सबमें फैली हुई उस सौन्दर्य की विभूति को देखकर सुदर्शन की तन्मयता उत्कण्ठा में बदल गई। उसे उन्माद हो चला। इच्छा होती थी कि वह समुद्र बन जाय। उसकी उद्वेलित लहरों से चन्द्रमा की किरणें खेलें और वह हँसा करे। इतने में ध्यान आया उस धीवर-बालिका का। इच्छा हुई कि वह भी वरुण-कन्या सी चन्द्रकिरणों से लिपटी हुई उसके विशाल वक्षस्थल में विहार करे। उसकी आँखों में गोल धवल पालवाली नाव समा गई, कानों में अस्फुट संगीत भर गया। सुदर्शन उन्मत्त था। कुछ पद-शब्द सुनाई पड़े। उसे ध्यान आया कि मुझे लौटा ले जाने के लिए कुछ लोग आ रहे हैं। वह चञ्चल हो उठा, फेनिल जलधि में फाँद पड़ा। लहरों में तैर चला।

बेला से दूर-चारों ओर जल-आँखों में वही धवल पाल, कानों में अस्फुट संगीत। सुदर्शन तैरते-तैरते थक चला था। संगीत और वंशी समीप जा रही थी। एक छोटी मछली पकड़ने की नाव आ रही थी। पास जाने पर देखा, धीवर-बाला वंशी बजा रही है और नाव अपने मन से चल रही है।

धीवर-बाला ने कहा-आओगे?

लहरों को चीरते हुए सुदर्शन ने पूछा-कहाँ ले चलोगी?

पृथ्वी से दूर जल-राज्य में; जहाँ कठोरता नहीं; केवल शीतल, कोमल और तरल आलिंगन है; प्रवञ्चना नहीं, सीधा आत्मविश्वास है; वैभव नहीं, सरल सौन्दर्य है।

धीरव-बाला ने हाथ पकड़कर सुदर्शन को नाव पर खींच लिया। दोनों हँसने लगे। चन्द्रमा और जलनिधि भी।

वैरागी

पहाड़ की तलहटी में एक छोटा-सा समतल भूमिखण्ड था। मौलसिरी, अशोक, कदम और आम के वृक्षों का एक हरा-भरा कुटुम्ब उसे आबाद किये हुए था। दो-चार छोटे-छोटे फूलों के पौधे कोमल मृत्तिका के थालों में लगे थे। सब आर्द्र और सरल थे। तपी हुई लू और प्रभात का मलय-पवन, एक क्षण के लिए इस निभृत कुञ्ज में विश्राम कर लेते। भूमि लिपी हुई स्वच्छ, एक तिनके का कहीं नाम नहीं और सुन्दर वेदियों और लता-कुञ्जों से अलंकृत थी।

यह एक वैरागी की कुटी थी, और तृण-कुटीर-उस पर लता-वितान, कुशासन और कम्बल, कमण्डल और वल्कल उतने ही अभिराम थे, जितने किसी राज-मन्दिर में कला-कुशल शिल्पी के उत्तम शिल्प।

एक शिला-खण्ड पर वैरागी पश्चिम की ओर मुँह किये ध्यान में निमग्न था। अस्त होने वाले सूर्य की अन्तिम किरणें उसकी बरौनियों में घुसना चाहती थीं, परन्तु वैरागी अटल, अचल था, बदन पर मुस्कराहट और अंग पर ब्रह्मचर्य की रुक्षता थी। यौवन की अग्नि निर्वेद की राख से ढँकी थी। शिलाखण्ड के नीचे ही पगडण्डी थी। पशुओं का झुण्ड उसी मार्ग से पहाड़ी गोचर-भूमि से लौट रहा था। गोधूलि मुक्त गगन के अंक में आश्रय खोज रही थी। किसी ने पुकारा-"आश्रय मिलेगा?"

वैरागी का ध्यान टूटा। उसने देखा, सचमुच मलिन-वसना गोधूलि उसके आश्रम में आश्रय मांग रही है। अञ्चल छिन्न बालों की लटें, फटे हुए कम्बल के समान मांसल वक्ष और स्कन्ध को ढँकना चाहती थीं। गैरिक वसन जीर्ण और मलिन। सौन्दर्य-विकृत आँखे कह रही थीं कि, उन्होंने उमंग की रातें जगते हुए बिताई हैं। वैरागी अकस्मात् आँधी के झोंके में पड़े हुए वृक्ष के समान तिलमिला गया। उसने धीरे से कहा-"स्वागत अतिथि! आओ।"

रजनी के घने अन्धकार में तृण-कुटीर, वृक्षावली, जगमगाते हुए नक्षत्र धुँधले चित्रपट के सदृश प्रतिभासित हो रहे थे। स्त्री अशोक के नीचे वेदी पर बैठी थी, वैरागी अपने कुटीर के द्वार पर।

स्त्री ने पूछा-"जब तुमने अपना सोने का संसार पैरों से ठुकरा दिया, पुत्र-मुख-दर्शन का सुख, माता का अंक, यशविभव, सब छोड़ दिया, तब तुच्छ भूमिखण्ड पर इतनी ममता क्यों? इतना परिश्रम, इतना यत्न किसलिए?"

"केवल तुम्हारे-जैसे अतिथियों की सेवा के लिए। जब कोई आश्रयहीन महलों से ठुकरा दिया जाता है, तब उसे ऐसे ही आश्रय-स्थान अपने अंक में विश्राम देते हैं। मेरा परिश्रम सफल हो जाता है-जब कोई कोमल शय्या पर सोनेवाला प्राणी इस मुलायम मिट्टी पर थोड़ी देर विश्राम करके सुखी हो जाता है।"

"कब तक तुम ऐसा करोगे?"

"अनन्त काल तक प्राणियों की सेवा का सौभाग्य मुझे मिले!"

"तुम्हारा आश्रय कितने दिनों के लिए है?"

"जब तक उसे दूसरा आश्रय न मिले।"

"मुझे इस जीवन में कहीं आश्रय नहीं, और न मिलने की सम्भावना है।"

"जीवन-भर?"-आश्चर्य से वैरागी ने पूछा।

"हाँ।"-युवती के स्वर में विकृति थी।

"क्या तुम्हें ठण्ड लग रही है?"- वैरागी ने पूछा।

"हाँ।"-उसी प्रकार उत्तर मिला।

वैरागी ने कुछ सूखी लकड़ियाँ सुलगा दीं। अन्धकार-प्रदेश में दो-तीन चमकीली लपटें उठने लगीं। एक धुँधला प्रकाश फैल गया। वैरागी ने एक कम्बल लाकर स्त्री को दिया। उसे ओढ़कर वह बैठ गई। निर्जन प्रान्त में दो व्यक्ति। अग्नि-प्रज्वलित पवन ने एक थपेड़ा दिया। वैरागी ने पूछा-'कब तक बाहर बैठोगी?"

"रात बिता कर चली जाऊँगी, कोई आश्रय खोजूँगी; क्योंकि यहाँ रहकर बहुतों के सुख में बाधा डालना ठीक नहीं। इतने समय के लिए कुटी में क्यों आऊँ?"

वैरागी को जैसे बिजली का धक्का लगा। वह प्राणपण से बल संकलित करके बोला-"नहीं-नहीं, तुम स्वतन्त्रता से यहाँ रह सकती हो।"

"इस कुटी का मोह तुमसे नहीं छूटा। मैं उसमें समभागी होने का भय तुम्हारे लिए उत्पन्न न करूँगी।"-कहकर स्त्री ने सिर नीचा कर लिया। वैरागी के हृदय में सनसनी हो रही थी। वह न जाने क्या कहने जा रहा था, सहसा बोल उठा-

"मुझे कोई पुकारता है, तुम इस कुटी को देखना!"-यह कहकर वैरागी अन्धकार में विलीन हो गया। स्त्री अकेली रह गई।

पथिक लोग बहुत दिन तक देखते रहे कि एक पीला मुख उस तृण-कुटीर से झाँककर प्रतीक्षा के पथ में पलक-पाँवड़े बिछाता रहा।

बनजारा

धीरे-धीरे रात खिसक चली, प्रभात के फूलों के तारे चू पड़ना चाहते थे। विन्ध्य की शैलमाला में गिरि-पथ पर एक झुण्ड बैलों का बोझ लादे आता था। साथ के बनजारे उनके गले की घण्टियों के मधुर स्वर में अपने ग्रामगीतों का आलाप मिला रहे थे। शरद ऋतु की ठण्ड से भरा हुआ पवन उस दीर्घ पथ पर किसी को खोजता हुआ दौड़ रहा था।

वे बनजारे थे। उनका काम था सरगुजा तक के जंगलों में जाकर व्यापार की वस्तु क्रय-विक्रय करना। प्राय: बरसात छोड़कर वे आठ महीनें यही उद्यम करते। उस परिचित पथ में चलते हुए वे अपने परिचित गीतों को कितनी ही बार उन पहाड़ी चट्टानों से टकरा चुके थे। उन गीतों में आशा, उपालम्भ, वेदना और स्मृतियों की कचोट, ठेस और उदासी भरी रहती।

सबसे पीछेवाले युवक ने अभी अपने आलाप को आकाश में फैलाया था; उसके गीत का अर्थ था-

"मैं बार-बार लाभ की आशा से लादने जाता हूँ; परन्तु है उस जंगल की हरियाली में अपने यौवन को छिपानेवाली कोलकुमारी, तुम्हारी वस्तु बड़ी महँगी है! मेरी सब पूँजी भी उसको क्रय करने के लिए पर्याप्त नहीं। पूँजी बढ़ाने के लिए व्यापार करता हूँ; एक दिन धनी होकर आऊँगा; परन्तु विश्वास है कि तब भी तुम्हारे सामने रंक ही रह जाऊँगा!"

आलाप लेकर वह जंगली वनस्पतियों की सुगन्ध में अपने को भूल गया। यौवन के उभार में नन्द अपरिचित सुखों की ओर जैसे अग्रसर हो गया था। सहसा बैलों की श्रेणी के अग्रभाग में हल-चल मची। तड़ातड़ का शब्द, चिल्लाने और कूदने का उत्पात होने लगा। नन्द का सुख-स्वप्न टूट गया, "बाप रे, डाका!"-कहकर वह एक पहाड़ी की गहराई में उतरने लगा। गिर पड़ा, लुढ़कता हुआ नीचे चला। मूर्च्छित हो गया।

हाकिम परगना और इंजीनियर का पड़ाव अधिक दूर न था। डाका पड़नेवाला स्थान दूसरे ही दिन भीड़ से भर गया। गोड़ैत और सिपाहियों की दौड़-धूप चलने लगी। छोटी-सी पहाड़ी के नीचे, फूस की झोपड़ी में, ऊषा किरणों का गुच्छा सुनहले फूल के सदृश झूलने लगा था। अपने दोनो हाथों पर झुकी हुई एक साँवली-सी युवती उस आहत पुरुष के मुख को एकटक देख रही थी। धीरे-धीरे युवती के मुख पर मुस्कराहट और पुरुष के मुख पर सचेष्टता के लक्षण दिखलाई देने लगे। पुरुष ने आँखे खोल दी। युवती पास ही धरा हुआ गरम दूध उसके मुँह में डालने लगी। और युवक पीने लगा।

युवक की उतनी चोट नहीं थी, जितना वह भय से आक्रान्त था। वह दूध पीकर स्वस्थ हो चला था। उठने की चेष्टा करते हुए पूछा-"मोनी, तुम हो!"

"हाँ, चुप रहो।"

"अब मैं चंगा हो गया हूँ, कुछ डरने की बात नहीं।" अभी युवक इतना ही कह पाया था कि एक कोल-चौकीदार की क्रूर आँखें झोपड़ी में झाँकने लगी। युवक ने उसे देखा। चौकीदार ने हँसकर कहा-"वाह मोनी! डाका भी डलवाती हो और दया भी करती हो! बताओ तो, कौन-कौन थे; साहब पूछ रहे हैं!"

मोनी की आँखें चढ़ गयीं। उसने दाँत पीसकर कहा-"तुम पाजी हो! जाओ, मेरी झोपड़ी में से निकल जाओ!"

"हाँ, यह कहो। तो तुम्हारा मन रीझ गया है इस पर, यह तो कभी-कभी तुम्हारा प्याज-मेवा लेने आता था न!"-चौकीदार ने कहा।

घायल बाघिनी-सी वह तड़प उठी। चौकीदार कुछ सहमा। परन्तु वह पूरा काइयाँ था, अपनी बात का रुख बदलकर वह युवक से कहने लगा-"क्यों जी, तुम्हारा भी तो लूटा गया है, कुछ तुम्हें भी चोट आई है! चलो, साहब से अपना हाल कहो। बहुत से माल का पता लगा है; चलकर देखो तो!"

"क्यों मोनी! अब जेल जाओगी न? बोलो; अब से भी अच्छा है। हमारी बात मान जाओ।"-चौकीदार ने पड़ाव से दूर हथकड़ी से जकड़ी हुई मोनी से कहा। मोनी अपनी आँखों की स्याही सन्ध्या की कालिमा में मिला रही थी। पेड़ों के उस झुरमुट में दूर वह बनजारा भी खड़ा था। एक बार मोनी ने उसकी ओर देखा, उसके ओठ फड़क उठे। वह बोली-"मैं किसी को नहीं जानती, और नहीं जानती थी कि उपकार करने जाकर यह अपमान भोगना पड़ेगा!" फिर जेल की भीषणता स्मरण करके वह दीनता से बोली-"चौकीदार! मेरी झोपड़ी और सब पेड़ ले लो; मुझे बचा दो!"

चौकीदार हँस पड़ा। बोला-मुझे वह सब न चाहिए; बोलो, तुम मेरी बात मानोगी, वही...."

मोनी ने चिल्लाकर कहा-"नहीं, कभी नहीं!"

नर-पिशाच चौकीदार ने बेदर्द होकर कई थप्पड़ लगाये, पर मोनी न रोई, न चिल्लायी। वह हठी लड़के की तरह उस मारनेवाले का मुँह देख रही थी।

हाकिम परगना एक अच्छे सिविलियन थे। वे कैम्प से टहलने के लिए गये थे; नन्द ने न-जाने उनसे हाथ जोड़ते हुए क्या कहा, वे उधर ही चल पड़े, जहाँ मोनी थी।

सब बातें समझकर साहब ने मोनी की हथकड़ी खोलते हुए चौकीदार की पीठ पर दो-तीन बेंत जमाये, और कहा-"देख बदमाश! आज तो तुझे छोड़ता हूँ, फिर इस तरह का कोई काम किया, तो तुझसे चक्की ही पिसवाऊँगा। असली डाकुओं का पता लगाओ।"

मोनी पड़ाव से चली गई। और नन्द अपना बैल पहचानकर ले चला! वह फिर बराबर अपने उस व्यापार में लगा रहा।

कई महीने बाद- एक दिन फिर प्याज-मेवा लेने की लालच में नन्द उसी मोनी की झोपड़ी की ओर पहुँचा। वहाँ जाकर उसने देखा-झोपड़ी से सब पत्ते के छाजन तितर-बितर होकर बिखर रहे हैं और पत्थर के ढोंके अब-तब गिरना चाहते हैं। भीतर कूड़ा है, जहाँ वह पहले जंगली वस्तुओं का ढेर देखा करता था। उसने पुकारा-"मोनी!" कोई उत्तर न मिला। नन्द लौटकर अपने पथ पर आने लगा।

सामने देखा-पहाड़ी नदी के तट पर बैठी हुई मोनी को! वह हँसता हुआ फूल कुम्हला गया था अपने दोनों पैर नदी में डाले बैठी थी। नन्द ने पुकारा-"मोनी!" वह फिर भी कुछ न बोली। अब वह पास आ गया। मोनी ने देखा। एक बार उसके मुँह पर कुछ तरावट-सी दौड़ गई, फिर सहसा कड़ी धूप निकल आने पर एक बौछार की गीली भूमि जैसे रूखी हो जाती है, वैसे ही उसके मुँह पर धूल उड़ने लगी।

नन्द ने पूछा-"मोनी! प्याज-मेवा है?"

मोनी ने रूखेपन से कहा-"अब मैं नहीं बटोरती, नन्द। बेचने के लिए नहीं इकट्ठा करती।"

नन्द ने पूछा-"क्यों, अब क्या हो गया?"

"जंगल में वही सब तो हम लोगों के भोजन के लिए है, उसे बेच दूँगी, तो खाऊँगी क्या?"

"और पहले क्या था?"

"वह लोभ था; व्यापार करने की, धन बटोरने की इच्छा थी।"

"अब वह इच्छा क्या हुई?"

"अब मैं समझती हूँ कि सब लोग न तो व्यापार कर सकते हैं और न तो सब वस्तु बाजार में बेची जा सकती है।"

"तो मैं लौट जाऊँ?"

"हाँ, लौट जाओ; जब तक ओस की बूंदों से ठण्डी धूल तुम्हारे पैरों में लगे, उतने समय में अपना पथ समाप्त कर लो!"

"लादना छोड़ दूँगा, मोनी!"

"ओहो! यह क्यों? मैं इस पहाड़ी पर निस्तब्ध प्रभाव में घण्टियों के मधुर स्वर की आशा में अनमनी बैठी रहती हूँ। वह पहुँचने का; बोझ उतारने के व्याकुल विश्राम का अनुभव करके सुखी रहती हूँ। मैं नहीं चाहती कि किसी को लादने के लिए मैं बोझ इकट्ठा करूँ; नन्द!"

नन्द हताश था। वह अपने बैलों की खाली पीठ पर हाथ धरे चुपचाप अपने पथ पर चलने लगा।

चूड़ीवाली

१

"अभी तो पहना गई हो।"

"बहूजी, बड़ी अच्छी चूड़ियाँ हैं। सीधे बम्बई से पारसल मँगाया है। सरकार का हुक्म है; इसलिए नयी चूड़ियाँ आते ही चली आती हूँ।"

"तो जाओ, सरकार को ही पहनाओ, मैं नहीं पहनती।"

"बहूजी! जरा देख तो लीजिए।" कहती मुस्कराती हुई ढीठ चूड़ीवाली अपना बक्स खोलने लगी। वह पचीस वर्ष की एक गोरी छरहरी स्त्री थी। उसकी कलाई सचमुच चूड़ी पहनाने के लिए ढली थी। पान से लाल पतले-पतले ओठ दो-तीन वक्रताओं में अपना रहस्य छिपाये हुए थे। उन्हें देखने का मन करता, देखने पर उन सलोने अधरों से कुछ बोलवाने का जी चाहता है। बोलने पर हँसाने की इच्छा होती और उसी हँसी में शैशव का अल्हड़पन, यौवन की तरावट और प्रौढ़ की-सी गम्भीरता बिजली के समान लड़ जाती।

बहूजी को उसकी हँसी बहुत बुरी लगती; पर जब पंजों में अच्छी चूड़ी चढ़ाकर, संकट में फँसाकर वह हँसते हुए कहती-"एक पान मिले बिना यह चूड़ी नहीं चढ़ती।" तब बहूजी को क्रोध के साथ हँसी आ जाती और उसकी तरल हँसी की तरी लेने में तन्मय हो जातीं।

कुछ ही दिनों से यह चूड़ीवाली आने लगी है। कभी-कभी बिना बुलाये ही चली आती और ऐसे ढंग फैलाती कि बिना सरकार के आये निबटारा न होता। यह बहूजी को असह्य हो जाता। आज उसको चूड़ी फँसाते देख बहूजी झल्लाकर बोलीं-"आज-कल दूकान पर ग्राहक कम आते हैं क्या?"

"बहूजी, आज-कल ख़रीदने की धुन में हूँ, बेचती हूँ कम।" इतना कहकर कई दर्जन चूड़ियाँ बाहर सजा दीं। स्लीपरों के शब्द सुनाई पड़े। बहूजी ने कपड़े सम्हाले, पर वह ढीठ चूड़ीवाली बालिकाओं के समान सिर टेढ़ा करके "यह जर्मनी की है, यह फराँसीसी है, यह जापानी है" कहती जाती थी। सरकार पीछे खड़े मुस्करा रहे थे।

"क्या रोज नयी चूड़ियाँ पहनाने के लिए इन्हें हुक्म मिला है?" बहूजी ने गर्व से पूछा।

सरकार ने कहा-"पहनो, तो बुरा क्या है?"

"बुरा तो कुछ नहीं, चूड़ी चढ़ाते हुए कलाई दुखती होगी।" चूड़ीवाली ने सिर नीचा किये कनखियों से देखते हुए कहा! एक लहर-सी लाली आँखों की ओर से कपोलों को तर करती हुई दौड़ जाती थी। सरकार ने देखा, एक लालसा-भरी युवती व्यंग कर रही है। हृदय में हलचल मच गयी, घबराकर बोले-"ऐसा है, तो न पहनें।"

"भगवान करें, रोज पहनें।" चूड़ीवाली आशीर्वाद देने के गम्भीर स्वर में प्रौढ़ा के समान बोली।

"अच्छा, तुम अभी जाओ।" सरकार और चूड़ीवाली दोनों की ओर देखते हुए बहूजी ने झुँझलाकर कहा।

"तो क्या मैं लौट जाऊँ? आप तो कहती थीं न, कि सरकार को ही पहनाओ, तो जरा उनसे पहनने के लिए कह दीजिए"

"निकल मेरे यहाँ से।" कहते हुए बहूजी की आँखे तिलमिला उठीं। सरकार धीरे से निकल गये। अपराधी के समान सर नीचा किये चूड़ीवाली अपनी चूड़ियाँ बटोरकर उठी। हृदय की धड़कन में अपनी रहस्यपूर्ण निश्वास छोड़ती हुई चली गयी।

२

चूड़ीवाली का नाम था विलासिनी। वह नगर की एक प्रसिद्ध नर्तकी की कन्या थी। उसके रूप और संगीत-कला की सुख्याति थी, वैभव भी कम न था! विलास और प्रमोद का पर्याप्त सम्भार मिलने पर भी उसे सन्तोष न था। हृदय में कोई अभाव खटकता था, वास्तव में उसकी मनोवृत्ति उसके व्यवसाय के प्रतिकूल थी।

कुलवधू बनने की अभिलाषा हृदय में और दाम्पत्य-सुख का स्वर्गीय स्वप्न उसकी आँखों में समाया था। स्वच्छन्द प्रणय का व्यापार अरुचिकर हो गया। परन्तु समाज उससे हिंस्र पशु के समान सशंक था। उससे आश्रय मिलना असम्भव जानकर विलासिनी ने छल के द्वारा वही सुख लेना चाहा। यह उसकी सरल आवश्यकता थी, क्योंकि अपने व्यवसाय में उसका प्रेम क्रय करने के लिए बहुत-से लोग आते थे, पर विलासिनी अपना हृदय खोल कर किसी से प्रेम न कर सकती थी।

उन्हीं दिनों सरकार के रूप, यौवन और चारित्र ने उसे प्रलोभन दिया। नगर के समीप बाबू विजयकृष्ण की, अपनी जमींदारी में बड़ी सुन्दर अट्टालिका थी। वहीं रहते थे। उनके अनुचर और प्रजा उन्हें सरकार कहकर पुकारती थी। विलासिनी की आँखे विजयकृष्ण पर गड़ गयीं। अपना चिर-सञ्चित मनोरथ पूर्ण करने के लिए वह कुछ दिनों के लिए चूड़ीवाली बन गयी थी।

सरकार चूड़ीवाली को जानते हुए भी अनजान बने रहे। अमीरी का एक कौतुक था, एक खिलवाड़ समझकर उसके आने-जाने में बाधा न देते। विलासिनी के कला-पूर्ण सौन्दर्य ने जो कुछ प्रभाव उनके मन पर डाला था, उसके लिए उनके सुरुचिपूर्ण मन ने अच्छा बहाना खोज लिया था, वे सोचते, 'बहूजी का कुल-वधू-जनोचित सौन्दर्य और वैभव की मर्यादा देखकर चूड़ीवाली स्वयं पराजय स्वीकार कर लेगी और अपना निष्फल प्रयत्न छोड़ देगी, तब तक यह एक अच्छा मनोविनोद चल रहा है!'

चूड़ीवाली अपने कौतूहलपूर्ण कौशल में सफल न हो सकी थी, परन्तु बहूजी के आज के दुर्व्यवहार ने प्रतिक्रिया उत्पन्न कर दी और चोट खाकर उसने सरकार को घायल कर दिया।

३

अब सरकार प्रकाश्य रूप से उसके यहाँ जाने लगे। विलास-रजनी का प्रभात भी चूड़ीवाली के उपवन में कटता। कुल-मर्यादा, लोक-लाज और जमींदारी सब एक ओर और चूड़ीवाली अकेले। दालान में कुर्सियों पर सरकार और चूड़ीवाली बैठकर रात्रि-जागरण का खेद मिटा रहे थे। पास ही अनार का वृक्ष था, उसमें फूल खिले थे। एक बहुत ही छोटी काली चिड़िया उन फूलों में चोंच डालकर मकरन्द पान करती और कुछ केसर खाती, फिर हृदयविमोहक कल-नाद करती हुई उड़ जाती।

सरकार बड़ी देर से कौतुक देख रहे थे, बोले-"इसे पकड़कर पालतू बनाया जाय, तो कैसा?"

"उहूँ, यह फूलसुंघी है। पींजरे में जी नहीं सकती। उसे फूलों का प्रदेश ही जिला सकता है, स्वर्ण-पिञ्जर नहीं, उसे खाने के लिए फूलों की केसर का चारा और पीने के लिए मकरन्द-मदिरा कौन जुटायेगा?"

"पर इसकी सुन्दर-बोली संगीत-कला की चरम सीमा है; वीणा में भी कोई-कोई मीड़ ऐसी

निकलती होगी। इसे अवश्य पकडना चाहिए।"

"जिसमें बाधा नहीं, बन्धन नहीं, जिसका सौन्दर्य स्वछन्द है, उस असाधारण प्राकृतिक कला का मूल्य क्या बन्धन हैं? कुरुचि के द्वारा वह कलंकित भले ही हो जाय परन्तु पुरस्कृत नहीं हो सकती। उसे आप पिंजरे में बन्द करके पुरस्कार देंगे या दण्ड?" कहते हुए उसने विजय की एक व्यंग-भरी मुस्कान छोड़ी। सरकार की-उस वन-विहंगम को पकड़ने की लालसा बलवती हो उठी। उन्होंने कहा-"जाने भी दो, वह अच्छी कला नहीं जानती।" प्रसंग बदल गया। नित्य का साधारण विनोद-पूर्ण क्रम चला।

४

चूड़ीवाली अपने अभ्यास के अनुसार समझती कि यदि बहूजी की अपार प्रणय सम्पत्ति में से कुछ अंश मैं भी लेती हूँ, तो हानि क्या, परन्तु बहूजी को अपने प्रणय के एकाधिपत्य पर पूर्ण विश्वास था। वह निष्क्रिय प्रतिरोध करने लगीं। राजयक्ष्मा के भयानक आक्रमण से वह घुलने लगीं और सरकार वन-विहंगिनी विलासिनी को स्वायत्त करने में दत्तचित्त हुए। रोगी की शुश्रूषा और सेवा में कोई कमी न थी, परन्तु एक बड़े मुकदमे में सरकार का उधर सर्वस्वान्त हुआ, इधर बहूजी चल बसीं।

चूड़ीवाली ने समझा कि उसकी पूर्ण विजय हुई, पर बात कुछ दूसरी थी। विजयकृष्ण का वह एक विनोद था। जब सब कुछ चला गया, तब विनोद लेकर क्या होगा। एक दिन चूड़ीवाली से छुट्टी माँगी। उसने कहा-"कमी किस बात की है, मैं तुम्हारी ही हूँ और सब विभव भी तुम्हारा है।" विजयकृष्ण ने कहा-"मैं वेश्या की दी हुई जीविका से पेट पालने में असमर्थ हूँ।" चूड़ीवाली बिलखने लगी, विनय किया, रोई, गिड़गिड़ाई पर विजयकृष्ण चले ही गये! वह सोचने लगी कि-"अपना व्यवसाय और विजय की गृहस्थी बिगाड़कर जो सुख ख़रीदा था, उसका कोई मूल्य नहीं। मैं कुलवधू होने के उपयुक्त नहीं। क्या समाज के पास इसका कोई प्रतिकार नहीं? इतनी तपस्या और इतना स्वार्थ-त्याग व्यर्थ है?"

परन्तु विलासिनी यह न जानती थी कि स्त्री और पुरुष-सम्बन्धी समस्त अन्तिम निर्णय करने में समाज कितना ही उदार क्यों न हो; दोनों पक्षों को सर्वथा सन्तुष्ट नहीं कर सका और न कर सकने की आशा है। यह रहस्य सृष्टि को उलझा रखने की कुञ्जी है।

विलासिनी ने बहुत सोच-समझकर अपनी जीवनचर्या बदल डाली। सरकार से मिली हुई जो कुछ सम्पत्ति थी, उसे बेचकर पास ही के एक गाँव में खेती करने के लिए भूमि लेकर आदर्श हिन्द गृहस्थ की-सी तपस्या करने में अपना बिखरा हुआ मन उसने लगा दिया। उसके कच्चे मकान के पास एक विशाल वट-वृक्ष और निर्मल जल का सरोवर था। वहीं बैठकर चूड़ीवाली ने पथिकों की सेवा करने का संकल्प किया। थोड़े ही दिनों में अच्छी खेती होने लगी और अन्न से उसका घर भरा रहने लगा। भिखारियों को अन्न देकर उन्हें खिला देने में उसे अकथनीय सुख मिलता। धीरे-धीरे दिन ढलने लगा, चूड़ीवाली को सहेली बनाने के लिए यौवन का तीसरा पहर करुणा और शान्ति को पकड़ लाया। उस पथ से चलनेवाले पथिकों को दूर से किसी कला-कुशल कण्ठ की तान सुनाई पड़ती- अब लौं नसानी अब न नसैहौं।

वट-वृक्ष के नीचे एक अनाथ बालक नन्द को चना और गुड़ की दूकान चूड़ीवाली ने करा दी है। जिन पथिकों के पास पैसे न होते, उनका मूल्य वह स्वयं देकर नन्द की दूकान में घाटा न होने देती, और पथिक भी विश्राम किये बिना उस तालाब से न जाता। कुछ ही दिनों में चूड़ीवाली का तालाब विख्यात हो गया।

५

सन्ध्या हो चली थी। पखेरुओं का बसेरे की ओर लौटने का कोलाहल मचा और वट-वृक्ष में

चहल-पहल हो गई। चूड़ीवाली चरनी के पास खड़ी बैलों को देख रही थी। दालान में दीपक जल रहा था, अन्धकार उसके घर और मन में बरजोरी घुस रहा था। कोलाहल-शून्य जीवन में भी चूड़ीवाली को शान्ति मिली, ऐसा विश्वास नहीं होता था। पास ही उसकी पिण्डुलियों से सिर रगड़ता हुआ कलुआ दुम हिला रहा था। सुखिया उसके लिए घर में से कुछ खाने को ले आयी थी; पर कलुआ उधर न देखकर अपनी स्वामिनी से स्नेह जता रहा था। चूड़ीवाली ने हँसते हुए कहा-"चल, तेरा दुलार हो चुका। जा, खा ले।" चूड़ीवाली ने मन में सोचा, कंगाल मनुष्य स्नेह के लिए क्यों भीख माँगता है।? वह स्वयं नहीं करता, नहीं तो तृण-वीरुध तथा पशु-पक्षी भी तो स्नेह करने के लिए प्रस्तुत हैं। इतने में नन्द ने आकर कहा-"माँ, एक बटोही बहुत थका हुआ अभी आया है। भूख के मारे वह जैसे शिथिल हो गया है।"

"तूने क्यों नहीं दे दिया?"

"लेता भी नहीं, कहता है, तू बड़ा गरीब लडक़ा है, तुझसे न लूँगा।"

चूड़ीवाली वट-वृक्ष की ओर चल पड़ी। अँधेरा हो गया था। पथिक जड़ का सहारा लेकर लेटा था। चूड़ीवाली ने हाथ जोड़कर कहा-"महाराज, आप कुछ भोजन कीजिए।"

"तुम कौन हो?"

"पहले की एक वेश्या।"

"छि:, मुझे पड़े रहने दो, मैं नहीं चाहता कि तुम मुझसे बोलो भी, क्योंकि तुम्हारा व्यवसाय कितने ही सुखी घरों को उजाड़कर शमशान बना देता है।"

"महाराज, हम लोग तो कला के व्यवसायी हैं। यह अपराध कला का मूल्य लगानेवालों की कुरुचि और कुत्सित इच्छा का है। संसार में बहुत-से निर्लज्ज स्वार्थपूर्ण व्यवसाय चलते हैं। फिर इसी पर इतना क्रोध क्यों?"

"क्योंकि वह उन सबों में अधम और निकृष्ट है।"

"परन्तु वेश्या का व्यवसाय करके भी मैंने एक ही व्यक्ति से प्रेम किया था। मैं और धर्म नहीं जानती, पर अपने सरकार से जो कुछ मुझे मिला, उसे मैं लोक-सेवा में लगाती हूँ। मेरे तालाब पर कोई भूखा नहीं रहने पाता। मेरी जीविका चाहे जो रही हो, मेरे अतिथि-धर्म में बाधा न दीजिए।"

पथिक एक बार ही उठकर बैठ गया और आँख गड़ाकर अँधेरे में देखने लगा। सहसा बोल उठा-"चूड़ीवाली?"

"कौन, सरकार?"

"हाँ, तुमने शोक हर लिया। मेरे अपराधजनक तमाम त्याग में पुण्य का भी भाग था, यह मैं नहीं जानता।"

"सरकार! मैंने गृहस्थ-कुलवधू होने के लिए कठोर तपस्या की है। इन चार वर्षों में मुझे विश्वास हो गया है कि कुलवधू होने में जो महत्व है, वह सेवा का है, न कि विलास का।"

"सेवा ही नहीं, चूड़ीवाली! उसमें विलास का अनन्त यौवन है, क्योंकि केवल स्त्री-पुरुष के शारीरिक बन्धन में वह पर्यवसित नहीं है, बाह्य साधनों के विकृत हो जाने तक ही, उसकी सीमा नहीं, गार्हस्थ्य जीवन उसके लिए प्रचुर उपकरण प्रस्तुत करता है, इसलिए वह प्रेय भी है और श्रेय भी है। मुझे विश्वास है कि तुम अब सफल हो जाओगी।"

"मेरी सफलता आपकी कृपा पर है। विश्वास है कि अब इतने निर्दय न होंगे"-कहते-कहते चूड़ीवाली ने सरकार के पैर पकड़ लिये।

सरकार ने उसके हाथ पकड़ लिये।

अपराधी

१

वनस्थली के रंगीन संसार में अरुण किरणों ने इठलाते हुए पदार्पण किया और वे चमक उठीं, देखा तो कोमल किसलय और कुसुमों की पंखुरियाँ, बसन्त-पवन के पैरों के समान हिल रही थीं। पीले पराग का अंगराग लगने से किरणें पीली पड़ गई। बसन्त का प्रभात था।

युवती कामिनी मालिन का काम करती थी। उसे और कोई न था। वह इस कुसुम-कानन से फूल चुन ले जाती और माला बनाकर बेचती। कभी-कभी उसे उपवास भी करना पड़ता। पर, वह यह काम न छोड़ती। आज भी वह फूले हुए कचनार के नीचे बैठी हुई, अर्द्ध-विकसित कामिनी-कुसुमों को बिना बेधे हुए, फन्दे देकर माला बना रही थी। भँवर आये, गुनगुनाकर चले गये। बसन्त के दूतों का सन्देश उसने न सुना। मलय-पवन अञ्चल उड़ाकर, रूखी लटों को बिखराकर, हट गया। मालिन बेसुध थी, वह फन्दा बनाती जाती थी और फूलों को फँसाती जाती थी।

द्रुत-गति से दौड़ते हुए अश्व के पद-शब्द ने उसे त्रस्त कर दिया। वह अपनी फूलों की टोकरी उठाकर भयभीत होकर सिर झुकाये खड़ी हो गई। राजकुमार आज अचानक उधर वायु-सेवन के लिये आ गये थे। उन्होंने दूर ही से देखा, समझ गये कि वह युवती त्रस्त है। बलवान अश्व वहीं रुक गया। राजकुमार ने पूछा-"तुम कौन हो?"

कुरंगी कुमारी के समान बड़ी-बड़ी आँखे उठाकर उसने कहा-"मालिन!"

"क्या तुम माला बनाकर बेचती हो?"

"हाँ।"

"यहाँ का रक्षक तुम्हें रोकता नहीं?"

"नहीं, यहाँ कोई रक्षक नहीं है।"

"आज तुमने कौन-सी माला बनाई है?"

"यही कामिनी की माला बना रही थी।"

"तुम्हारा नाम क्या है?"

"कामिनी।"

"वाह! अच्छा, तुम इस माला को पूरी करो, मैं लौटकर-उसे लूँगा।" डरने पर भी मालिन ढीठ थी। उसने कहा-"धूप निकल आने पर कामिनी का सौरभ कम हो जायगा।"

"मैं शीघ्र आऊँगा"-कहकर राजकुमार चले गये।

मालिन ने माला बना डाली। किरणें प्रतीक्षा में लाल-पीली होकर धवल हो चलीं। राजकुमार लौटकर नहीं आये। तब उसी ओर चली-जिधर राजकुमार गये थे।

युवती बहुत दूर न गई होगी कि राजकुमार लौटकर दूसरे मार्ग से उसी स्थान पर आये। मालिन को न देखकर पुकारने लगे-"मालिन! ओ मालिन!"

दूरागत कोकिल की पुकार-सा वह स्वर उसके कान में पड़ा था। वह लौट आई। हाथों में कामिनी की माला लिये वह वन-लक्ष्मी के समान लौटी। राजकुमार उसी दिन-सौन्दर्य को सकुतूहल देख रहे थे। कामिनी ने माला गले में पहना दी। राजकुमार ने अपना कौशेय उष्णीश खोलकर मालिन के ऊपर फेंक दिया। कहा-"जाओ, इसे पहनकर आओ।" आश्चर्य और भय से लताओं की झुरमुट में जाकर उसने आज्ञानुसार कौशेय वसन पहना।

बाहर आई, तो उज्ज्वल किरणें उसके अंग-अंग पर हँसते-हँसते लोट-पोट हो रही थीं। राजकुमार मुस्कराये और कहा-"आज से तुम इस कुसुम-कानन की वन-पालिका हुई हो। स्मरण रखना।"

राजकुमार चले गये। मालिन किंकर्तव्यविमूढ़ होकर मधूक-वृक्ष के नीचे बैठ गई।

२

बसन्त बीत गया। गर्मी जलाकर चली गई। कानन में हरियाली फैल रही थी। श्यामल घटायें आकाश में और शस्य-शोभा धरणी पर एक सघन-सौन्दर्य का सृजन कर रही थी। वन-पालिका के चारों ओर मयूर घेरकर नाचते थे। सन्ध्या में एक सुन्दर उत्सव हो रहा था। रजनी आई। वन-पालिका के कुटीर को तम ने घेर लिया। मूसलाधार वृष्टि होने लगी। युवती प्रकृति का मद-विह्वल लास्य था। वन-पालिका पर्ण-कुटीर के वातायन से चकित होकर देख रही थी। सहसा बाहर कम्पित कण्ठ से शब्द हुआ-"आश्रय चाहिए!" वन-पालिका ने कहा-"तुम कौन हो?"

"एक अपराधी।"

"तब यहाँ स्थान नहीं है।"

"विचार कर उत्तर दो, कहीं आश्रय न देकर तुम अपराध न कर बैठो।" वन-पालिका विचारने लगी। बाहर से फिर सुनाई पड़ा-"विलम्ब होने से प्राणों की आशंका है।"

वन-पालिका निस्संकोच उठी और उसने द्वार खोल दिया। आगन्तुक ने भीतर प्रवेश किया। वह एक बलिष्ठ युवक था, साहस उसकी मुखाकृति थी। वन-पालिका ने पूछा-"तुमने कौन-सा अपराध किया है?"

"बड़ा भारी अपराध है, प्रभात होने पर सुनाऊँगा। इस रात्रि में केवल आश्रय दो।"-कहकर आगन्तुक अपना आर्द्र वस्त्र निचोड़ने लगा। उसका स्वर विकृत और वदन नीरस था। अन्धकार ने उसे और भी अस्पष्ट बना दिया था।

युवती वन-पालिका व्याकुल होकर प्रभात की प्रतीक्षा करने लगी। सहसा युवक ने उसका हाथ पकड़ लिया। वह त्रस्त हो गई, बोली-"अपराधी, यह क्या?"

"अपराधी हूँ सुन्दरी!"-अबकी बार उसका स्वर परिवर्तित था। पागल प्रकृति पर्णकुटी को घेरकर अपनी हँसी में फूटी पड़ती थी। वह करस्पर्श उन्मादकारी था। कामिनी की धमनियों में बाहर के बरसाती नालों के समान रक्त दौड़ रहा था। युवक के स्वर में परिचय था, परन्तु युवती की वासना के कुतूहल ने भय का बहाना खोज लिया! बाहर करकापात के साथ ही बिजली कड़की। वन-पालिका ने दूसरा हाथ युवक के कण्ठ में डाल दिया।

अन्धकार हँसने लगा।

३

बहुत दिन बीत गये। कितने ही बरस आये और चले गये। वह कुसुम-कानन-जिसमें मोर, शुक और पिक, फूलों से लदी झाड़ियों में विहार करते थे, अब एक जंगल हो गया। अब राजकुमार वहाँ नहीं आते थे। अब वे स्वयं राजा हैं। सुकुमार पौदे सूख गये। विशालकाय वृक्षों ने अपनी शाखाओं से जकड़ लिया। उस गहन वन में एक कोने में पर्णकुटी थी, उसमें एक स्त्री और उसका पुत्र, दोनो रहते थे।

दोनों बहेलियों का व्यवसाय करते; उसी से उनका जीवन-निर्वाह होता। पक्षियों को फँसाकर नागरिकों के हाथ वह बालक बेचा करता, कभी-कभी मृग-शावक भी पकड़ ले आता।

एक दिन वन-पालिका का पुत्र एक सुन्दर कुरंग पकड़कर नगर की ओर बेचने के लिए ले गया। उसकी पीठ पर बड़ी अच्छी बूटियाँ थीं। वह दर्शनीय था। राजा का पुत्र अपने टट् पर चढ़कर घूमने निकला था, उसके रक्षक साथ थे। राजपुत्र मचल गया। किशोर मूल्य माँगने लगा। रक्षकों ने कुछ देकर उसे छीन लेना चाहा। किशोर ने कुरंग का फन्दा ढीला कर दिया। वह छलाँग भरता हुआ निकल गया। राजपुत्र अत्यन्त हठी था, वह रोने लगा। रक्षकों ने किशोर को पकड़ लिया। वे उसे राजमन्दिर की ओर ले चले।

वातायन से रानी ने देखा, उसका लाल रोता हुआ लौट रहा है। एक आँधी-सी आ गई। रानी ने समाचार सुनकर उस बहेलिये के लड़के को बेंतों से पीटे जाने की आज्ञा दी।

किशोर ने बिना रोये-चिल्लाये और आँसू बहाये बेंतों की चोट सहन की। उसका सारा अंग क्षत-विक्षत था, पीड़ा से चल नहीं सकता था। मृगया से लौटते हुए राजा ने देखा। एक बार दया तो आई, परन्तु उसका कोई उपयोग न हुआ। रानी की आज्ञा थी। वन-पालिका ने राजा के निकल जाने पर किशोर को गोद में उठा लिया। अपने आँसुओं से घाव धोती हुई, उसने कहा-"आह! वे कितने निर्दयी हैं!"

फिर कई वर्ष बीत गये। नवीन राजपुत्र को मृगया की शिक्षा के लिए, लक्ष्य साधने के लिए, वही नगरोपकण्ठ का वन स्थिर हुआ। वहाँ राजपुत्र हिरणों पर, पक्षियों पर तीर चलाता। वन-पालिका को अब फिर कुछ लाभ होने लगा। हिरणों को हाँकने से पक्षियों का पता बताने से, कुछ मिल जाता है। परन्तु उसका पुत्र किशोर राजकुमार की मृगया में भाग न लेता।

एक दिन बसन्त की उजली धूप में राजा अपने राजपुत्र की मृगया-परीक्षा लेने के लिए, सोलह बरस बाद, उस जंगल में आये। राजा का मुँह एक बार विवर्ण हो गया। उस कुसुम कानन के सभी सुकुमार पौधे सूखकर लोप हो गये हैं। उनकी पेड़ियों में कहीं-कहीं दो-एक अंकुर निकल कर अपने प्राचीन बीज का निर्देश करते थे। राजा स्वप्न के समान उस अतीत की कल्पना कर रहे थे।

अहेरियों के वेश में राजपुत्र और उसके समवयस्क जंगल में आये। किशोर भी अपना धनुष लिये एक ओर खड़ा था। कुरंग पर तीर छूटे। किशोर का तीर कुरंग के कण्ठ को बेधकर राजपुत्र की छाती में घुस गया। राजपुत्र अचेत होकर गिर पड़ा। किशोर पकड़ लिया गया।

इधर वन-पालिका राजा के आने का समाचार सुनकर फूल खोजने लगी थी। उस जंगल में अब कामिनी-कुसुम नहीं थे। उसने मधूक और दूर्वा की सुन्दर माला बनाई, यही उसे मिले थे।

राजा क्रोध से उन्मत्त थे। प्रतिहिंसा से कड़ककर बोले-मारो!-बधिकों के तीर छूटे? वह कमनीय-कलेवर किशोर पृथ्वी पर लोटने लगा। ठीक उसी समय मधूक-मालिका लिये वन-पालिका राजा के सामने पहुँची।

कठोर नियति जब अपना विधान पूर्ण कर चुकी थी, तब कामिनी किशोर के शव के पास पहुँची! पागल-सी उसने माला राजा के ऊपर फेंकी और किशोर को गोद में बैठा लिया। उसकी निश्चेष्ट आँखे मौन भाषा में जैसे माँ-माँ कह रही थीं! उसने हृदय में घुस जानेवाली आँखों से एक बार राजा की ओर

देखा। और भी देखा-राजपुत्र का शव!

राजा एक बार आकाश और पृथ्वी के बीच में हो गये। जैसे वह कहाँ-से-कहाँ चले आये। राजपुत्र का शोक और क्रोध, वेग से बहती हुई बरसाती नदी की धारा में बुल्ले के समान बह गया। उनका हृदय विषय-शून्य हो गया। एक बार सचेत होकर उन्होंने देखा और पहचाना-अपना वही-"जीर्ण कौशेय उष्णीश।"-"वन-पालिका!"

"राजा"-कामिनी की आँखों में आँसू नहीं थे।

"यह कौन था?"

गम्भीर स्वर में सर नीचा किये वन-पालिका ने कहा-"अपराधी।"

प्रणय-चिह्न

१

"क्या अब वे दिन लौट आवेंगे? वे आशाभरी सन्ध्यायें, वह उत्साह-भरा हृदय-जो किसी के संकेत पर शरीर से अलग होकर उछलने को प्रस्तुत हो जाता था-क्या हो गया?"

"जहाँ तक दृष्टि दौड़ती है, जंगलों की हरियाली। उनसे कुछ बोलने की इच्छा होती है, उत्तर पाने की उत्कण्ठा होती है। वे हिलकर रह जाते हैं, उजली धूप जलजलाती हुई नाचती निकल जाती है। नक्षत्र चुपचाप देखते रहते हैं,- चाँदनी मुस्कराकर घूँघट खींच लेती है। कोई बोलनेवाला नहीं! मेरे साथ दो बातें कर लेने की जैसे सबने शपथ ले ली है। रात खुलकर रोती भी नहीं-चुपचाप ओस के आँसू गिराकर चल देती है। तुम्हारे निष्फल प्रेम से निराश होकर बड़ी इच्छा हुई थी, मैं किसी से सम्बन्ध न रखकर सचमुच अकेला हो जाऊँ। इसलिए जन-संसर्ग से दूर इस झरने के किनारे आकर बैठ गया, परन्तु अकेला ही न आ सका, तुम्हारी चिन्ता बीच-बीच में बाधा डालकर मन को खींचने लगी। इसलिए फिर किसी से बोलने की, लेन-देन की, कहने-सुनने की कामना बलवती हो गई।

"परन्तु कोई न कुछ कहता है और न सुनता है। क्या सचमुच हम संसार से निर्वासित हैं-अछूत हैं! विश्व का यह नीरव तिरस्कार असह्य है। मैं उसे हिलाऊँगा; उसे झकझोरकर उत्तर देने के लिए बाध्य करूँगा।"

कहते-कहते एकान्तवासी गुफा के बाहर निकल पड़ा। सामने झरना था, उसके पार पथरीली भूमि। वह उधर न जाकर झरने के किनारे-किनारे चल पड़ा। बराबर चलने लगा, जैसे समय चलता है।

सोता आगे बढ़ते-बढ़ते छोटा होता गया। क्षीण, फिर क्रमश: और क्षीण होकर मरुभूमि में जाकर विलीन हो गया। अब उसके सामने सिकता-समुद्र! चारों ओर धू-धू करती हुई बालू से मिली समीर की उत्ताल तरंगें। वह खड़ा हो गया। एक बार चारों ओर आँख फिरा कर देखना चाहा, पर कुछ नहीं, केवल बालू के थपेड़े।

साहस करके पथिक आगे बढ़ने लगा। दृष्टि काम नहीं देती थी, हाथ-पैर अवसन्न थे। फिर भी चलता गया। विरल छाया-वाले खजूर-कुञ्ज तक पहुँचते-पहुँचते वह गिर पड़ा। न जाने कब तक अचेत पड़ा रहा।

एक पथिक पथ भूलकर वहाँ विश्राम कर रहा था। उसने जल के छींटे दिये। एकान्तवासी चैतन्य हुआ। देखा, एक मनुष्य उसकी सेवा कर रहा है। नाम पूछने पर मालूम हुआ-"सेवक।"

"तुम कहाँ जाओगे?"-उसने पूछा।

"संसार से घबराकर एकान्त में जा रहा हूँ।"

"और मैं एकान्त से घबराकर संसार में जाना चाहता हूँ।"

"क्या एकान्त में कुछ सुख नहीं मिला?"

"सब सुख था-एक दुःख, पर वह बड़ा भयानक दुःख था। अपने सुख को मैं किसी से प्रकट नहीं कर सकता था, इससे बड़ा कष्ट था।"

"मैं उस दुःख का अनुभव करूँगा।"

"प्रार्थना करता हूँ, उसमें न पड़ो।"

"तब क्या करूँ?"

"लौट चलो; हम लोग बातें करते हुए जीवन बिता देंगे!"

"नहीं, तुम अपनी बातों में विष उगलोगे।"

"अच्छा, जैसी तुम्हारी इच्छा।"

दोनों विश्राम करने लगे। शीतल पवन ने सुला दिया। गहरी नींद लेने पर जागे। एक दूसरे को देखकर मुस्कराने लगे। सेवक ने पूछा-"आप तो इधर से आ रहे हैं, कैसा पथ है?"

"निर्जन मरुभूमि।"

"तब तो मैं न जाऊँगा; नगर की ओर लौट जाऊँगा। तुम भी चलोगे?"

"नहीं, इस खजूर-कुञ्ज को छोड़कर मैं नहीं जाऊँगा। तुमसे बोलचाल कर लेने पर और लोगों से मिलने की इच्छा जाती रही। जी भर गया।"

"अच्छा, तो मैं जाता हूँ। कोई काम हो, तो बताओ, कर दूँगा।"

"मेरा! मेरा कोई काम नहीं।"

"सोच लो।"

"नहीं, वह तुमसे न होगा।"

"देखूँगा, सम्भव है, हो जाय।"

"लूनी नदी के उस पार रामनगर के जमींदार की एक सुन्दर कन्या है; उससे कोई संदेश कह सकोगे?"

"चेष्टा करूँगा। क्या कहना होगा?"

"तीन बरस से तुम्हारा जो प्रेमी निर्वासित है, वह खजूर-कुञ्ज में विश्राम कर रहा है। तुमसे एक चिह्न पाने की प्रत्याशा में ठहरा है। अब की बार वह अज्ञात विदेश में जायगा। फिर लौटने की आशा नहीं है।"

सेवक ने कहा-"अच्छा, जाता हूँ, परन्तु ऐसा न हो कि तुम यहाँ से चले जाओ; वह मुझे झूठा समझे।"

"नहीं, मैं यहीं प्रतीक्षा करूँगा।"

सेवक चला गया। खजूर के पत्तों से झोपड़ी बनाकर एकान्त-वासी फिर रहने लगा। उसको बड़ी इच्छा होती कि कोई भूला-भटका पथिक आ जाता, तो खजूर और मीठे जल से उसका आतिथ्य करके वह एक बार गृहस्थ बन जाता।

परन्तु कठोर अदृष्ट-लिपि! उसके भाग्य में एकान्तवास ज्वलन्त अक्षरों में लिखा था। कभी-कभी पवन के झोंके से खजूर के पत्ते खड़खड़ा जाते, वह चौंक उठता। उसकी अवस्था पर वह क्षीणकाय स्रोत रोगी के समान हँस देता। चाँदनी में दूर तक मरुभूमि सादी चित्रपटी-सी दिखाई देती।

२

माँ भूखी थी। बुढ़िया झोपड़ी में दाने ढूँढ रही थी। उस पार नदी के कगारे पर दोनों की धुँधली प्रतिकृति दिखाई दे रही थी। पश्चिम के क्षितिज में नीचे अस्त होता हुआ सूर्य बादलों पर अपना रंग फेंक रहा था। बादल नीचे जल पर छाया-दान कर रहा था। नदी में धूप-छाँह बिछी थी। 'सेवक' डोंगी लिये, इधर यात्री की आशा में, बालू के रूखे तट से लगा बैठा था।

उसके केवल माँ थी। वह युवक था। स्वामी-कन्या से वह किसी प्रेमी का सन्देश कह रहा था; राजा (जमींदार) को सन्देह हुआ। वे क्रुद्ध हुए, बिगड़ गये, परन्तु कन्या के अनुरोध से उसके प्राण बच गये। तब से वह डोंगी चलाकर अपना पेट पालता था।

तमिस्रा आ रही थी। निर्जन प्रदेश नीरव था। लहरियों का कल-कल बन्द था। उसकी दोनों आँखे प्रतीक्षा की दूती थीं। कोई आ रहा है! और भी ठहर जाऊँ–नहीं, लौट चलूँ। डाँडे डोंगी से जल में गिरा दिये। 'छप' शब्द हुआ। उसे सिकतातट पर भी पद-शब्द की भ्रान्ति हुई। रुककर देखने लगा।

"माँझी, उस पार चलोगे?" एक कोमल कण्ठ, वंशी की झनकार।

"चलूँगा क्यों नहीं, उधर ही तो मेरा घर है। मुझे लौटकर जाना है।"

"मुझे भी आवश्यक कार्य है। मेरा प्रियतम उस पार बैठा है। उससे मिलना है। जल्द ले चलो।"-यह कहकर एक रमणी आकर बैठ गई। डोंगी हलकी हो गई, जैसे चलने के लिए नाचने लगी हो। सेवक सन्ध्या के गहरे प्रकाश में उसे आँखें गड़ाकर देखना चाहता था। रमणी खिलखिलाकर हँस पड़ी। बोली–"सेवक, तुम मुझे देखते रहोगे कि खेना आरम्भ करोगे।"

"मैं देखता चलूँगा, खेता चलूँगा। बिन देखे भी कोई खे सकता है।"

"अच्छा, वही सही। देखो, पर खेते भी चलो। मेरा प्रिय कहीं लौट न जाय, कहीं लौट न जाय; शीघ्रता करो।"-रमणी की उत्कण्ठा उसके उभरते हुए वक्ष-स्थल में श्वास बनकर फूल रही थी। सेवक डाँडे चलाने लगा। दो-चार नक्षत्र नील गगन से झाँक रहे थे। अवरुद्ध समीर नदी की शीतल चादर पर खुलकर लोटने लगा। सेवक तल्लीन होकर खे रहा था। रमणी ने पूछा–"तुम्हारे और कौन है?"

"कोई नहीं, केवल माँ है।"

नाव किनारे पहुँच गई। रमणी उतरकर खड़ी हो गई। बोली–"तुमने बड़े ठीक समय से पहुँचाया। परन्तु मेरे पास क्या है, जो तुम्हें पुरस्कार दूँ।"

वह चुपचाप उसका मुँह देखने लगा।

रमणी बोली–"मेरा जीवन-धन जा रहा है। एक बार उससे अन्तिम भेंट करने आई हूँ। एक अँगूठी उसे अपना चिह्न देने के लिए लाई हूँ और कुछ नहीं। परन्तु तुमने इस अन्तिम मिलन में बड़ी सहायता की है, तुम्हीं ने उसका सन्देश पहुँचाया। तुम्हें कुछ दिये बिना हमारा मिलन असफल होगा, इसलिए, यह चिह्न अँगूठी तुम्हीं ले लो।"

सेवक ने अँगूठी लेते हुए पूछा- "और तुम अपने प्रियतम को क्या चिह्न दोगी?"

"अपने को स्वयं दे दूँगी। लौटना व्यर्थ है। अच्छा, धन्यवाद!" रमणी तीर-वेग से चली गई।

वह हक्का-बक्का खड़ा रह गया। आकाश के हृदय में तारा चमकता था; उसके हाथ में अँगूठी का रत्न। उससे तारे का मिलान करते-करते झोपड़ी में पहुँचा। माँ भूखी थी। इसे बेचना होगा, यही चिन्ता थी। माँ ने जाते ही कहा–"कब से भोजन बनाकर बैठी हूँ, तू आया नहीं। बड़ी अच्छी मछली मिली थी। ले, जल्द खा ले।" वह प्रसन्न हो गया।

३

एकान्तवासी बैठा हुआ खजूर इकट्ठा कर रहा था। अभी प्रभात का कोमल सूर्य खगोल में बहुत ऊँचा नहीं था। एक सुनहली किरण-सी रमणी सामने आ गई। आत्मविस्मृत होकर एकान्तवासी देखने लगा।

"स्वागत अतिथि! आओ बैठो।"

रमणी ने आतिथ्य स्वीकार किया। बोली-"मुझे पहचानते हो?"

"तुम्हे न पहचानूँगा, प्रियतमे! अनन्त पथ का पाथेय कोई प्रणय-चिह्न ले आई हो; तो मुझे दे दो! इसीलिए ठहरा हूँ।"

"लौट चलो। इस भीषण एकान्त से तुम्हारा मन नहीं भरा?"

"कहाँ चलूँगा? तुम्हारे साथ जीवन व्यतीत करने का साधन नहीं; करने भी न पाऊँगा, लौटकर क्या करुँगा? मुझे केवल चिह्न दे दो, उसी से मन बहलाऊँगा।"

"मैं उसे पुरस्कार-स्वरूप दे आई हूँ। उसे पाने के लिए तो लूनी तट तक चलना होगा।"

"तो चलूँगा।"

यात्रा की तैयारी हुई। दोनों लौट चले। सेवक जब सन्ध्या को डोंगी लेकर लौटता है; तब उसके हृदय में उस रमणी की सुध आ जाती है। वह अँगूठी निकालकर देखता और प्रतीक्षा करता है कि रमणी लौटे, तो उसे दे दूँ। उसे विश्वास था, कभी तो वह आवेगी।

डोंगी नीचे बँधी थी। वह झोपड़ी से निकलकर चला ही था कि सामने रमणी आती दिखाई पड़ी। साथ में एक पुरुष था। न जाने क्यों, वह डोंगी पर जा बैठा। दोनों तीर पर आकर खड़े हो गये। रमणी ने पूछा- "मुझे पहचानते हो?"

"अच्छी तरह।"

"मैंने तुम्हें कुछ पुरस्कार दिया था। वह मेरा प्रणय-चिह्न था। मेरा प्रिय मुझे नहीं लेगा, उसी चिह्न को लेगा। इसीलिए तुमसे विनती करती हूँ कि उसे दे दो।"

"यह अन्याय है। मेरी मजूरी मुझसे न छीनो।"

"मैं भीख माँगती हूँ।"

"मैं दरिद्र हूँ, देने में असमर्थ हूँ।"

निरुपाय होकर रमणी ने एकान्तवासी की ओर देखा। उसने कहा-"तुमने तो उसे लौटा देने के लिए ही रख छोड़ा है। वह देखो, तुम्हारी उँगली में चमक रहा है, क्यों नहीं दे देते?"

"मैं समझ गया, इसका मूल्य परिश्रम से अधिक है। तो चलो, अबकी दोनों की सेवा करके इसका मूल्य पूरा कर दूँ परन्तु दया करके इसे मेरे ही पास रहने दो। जिन्हें विदेश जाना है, उनको नौका की यात्रा बड़ी सुखद होती है।"-कहकर एक बार उसने झोपड़ी की ओर देखा। बुढ़िया मर चुकी थी। ख़ाली झोपड़ी की ओर से उसने मुँह फिरा लिया। डाँडे जल में गिरा दिये।

रमणी ने कहा-"चलो, यात्रा तो करनी ही है, बैठ जायँ।"

एकान्तवासी हँस पड़ा। दोनों नाव पर बैठ गये। नाव धारा में बहने लगी। रमणी ने हँसकर पूछा- "केवल देखोगे या खेओगे भी?"

"नाव स्वयं बहेगी; मैं केवल देखूँगा ही।"

रूप की छाया

काशी के घाटों की सौध-श्रेणी जाह्नवी के पश्चिम तट पर धवल शैलमाला-सी खड़ी है। उनके पीछे दिवाकर छिप चुके। सीढ़ियों पर विभिन्न वेष-भूषावाले भारत के प्रत्येक प्रान्त के लोग टहल रहे हैं। कीर्तन, कथा और कोलाहल से जान्हवी-तट पर चहल-पहल है।

एक युवती भीड़ से अलग एकान्त में ऊँची सीढ़ी पर बैठी हुई भिखारी का गीत सुन रही है, युवती कानों से गीत सुन रही है, आँखों से सामने का दृश्य देख रही है। हृदय शून्य था, तारा-मण्डल के विराट् गगन के समान शून्य और उदास। सामने गंगा के उस पार चमकीली रेत बिछी थी। उसके बाद वृक्षों की हरियाली के ऊपर नीला आकाश, जिसमें पूर्णिमा का चन्द्र, फीके बादल के गोल टुकड़े के सदृश, अभी दिन रहते ही गंगा के ऊपर दिखाई दे रहा है। जैसे मन्दाकिनी में जल-विहार करने वाले किसी देव-द्वंद्व की नौका का गोल पाल। दृश्य के स्वच्छ पट में काले-काले विंदु दौड़ते हुए निकल गए। युवती ने देखा, वह किसी उच्च मन्दिर में से उड़े कपोतों का एक झुण्ड था। दृष्टि फिरकर वहाँ गई, जहाँ टूटी काठ की चौकी पर विवर्ण-मुख, लंबे असंयत बाल और कोट पहने एक युवक कोई पुस्तक पढ़ने में निमग्न था।

युवती का हृदय फड़कने लगा। वह उतरकर एक बार युवक के पास तक आई, फिर लौट गई। सीढ़ियों के ऊपर चढ़ते-चढ़ते उसकी एक प्रौढ़ा संगिनी मिल गई। उससे बड़ी घबराहट में युवती ने कुछ कहा और स्वयं वहाँ से चली गई। प्रौढ़ा ने आकर युवक के एकान्त अध्ययन में बाधा दी और पूछा–"तुम विद्यार्थी हो?"

"हाँ, मैं हिन्द-स्कूल में पढ़ता हूँ।"

"क्या तुम्हारे घर के लोग यहीं हैं?"

"नहीं, मैं एक विदेशी, निस्सहाय विद्यार्थी हूँ।"

"तब तुम्हें सहायता की आवश्यकता है?"

"यदि मिल जाय, मुझे रहने के स्थान का बड़ा कष्ट है।"

"हम लोग दो-तीन स्त्रियाँ हैं। कोई अड़चन न हो, तो हम लोगों के साथ रह सकते हो।"

"बड़ी प्रसन्नता से, आप लोगों का कोई छोटा-मोटा काम भी कर दिया करूँगा।"

"अभी चल सकते हो?"

"कुछ पुस्तक और सामान है, उन्हें लेता आऊँ।"

"ले आओ, मैं बैठी हूँ।"

युवक चला गया।

गंगा-तट पर एक कमरे में उज्ज्वल प्रकाश फैल रहा था। युवक विद्यार्थी बैठा हुआ व्यालू कर रहा था। अब वह कालेज के छात्रों में है। उसका रहन-सहन बदल गया है। वह एक सुरुचि-सम्पन्न युवक हो गया है। अभाव उससे दूर हो गये थे।

प्रौढ़ा परसती हुई बोली-"क्यों शैलनाथ! तुम्हें अपनी चाची का स्मरण होता है?"

"नहीं तो, मेरे कोई चाची नहीं है।"

दूर बैठी हुई युवती ने कहा-"जो अपनी स्मृति के साथ विश्वासघात करता है, उसे कौन स्मरण दिला सकता है।"

युवक ने हँसकर इस व्यंग को उड़ा दिया। चुपचाप घड़ी का टिक-टिक शब्द सुनता और मुँह चलाता जा रहा था। मन में मनोविज्ञान का पाठ सोचता जाता था-"मन क्यों एक बार ही एक विषय का विचार कर सकता है?"

प्रौढ़ा चली गई। युवक हाथ-मुँह धो चुका था। सरला ने पान बना कर दिया और कहा-"क्या एक बात मैं भी पूछ सकती हूँ?"

"उत्तर देने ही में तो छात्रों का समय बीतता है, पूछिये।"

"कभी तुम्हें रामगाँव का स्मरण होता है? यमुना की लोल लहरियों में से निकलता हुआ अरुण और उसके श्यामल तट का प्रभात स्मरण होता है? स्मरण होता है, एक दिन हम लोग कार्तिक पूर्णिमा-स्नान को गये थे, मैं बालिका थी, तुमने मुझे फिसलते देखकर हाथ पकड़ लिया था, इस पर साथ की स्त्रियाँ हँस पड़ी थीं, तुम लज्जित हो गये थे।"

पचीस वर्ष के बाद युवक छात्र ने अपने जीवन-भर में जैसे आज ही एक आश्चर्य की बात सुनी हो, वह बोल उठा-"नहीं तो।"

कई दिन बीत गये।

गंगा के स्थिर जल में पैर डाले हुए, नीचे की सीढ़ियों पर सरला बैठी हुई थी। कारुकार्य-खचित-कञ्चुकी के ऊपर कन्धे के पास सिकुड़ी हुई साड़ी; आधा खुला हुआ सिर, बंकिम ग्रीवा और मस्तक में कुंकुम-बिन्द-महीन चादर में-सब अलग-अलग दिखाई दे रहे थे। मोटी पलकोंवाली बड़ी-बड़ी आँखे गंगा के हृदय में से मछलियों को ढूँढ निकालना चाहती थीं। कभी-कभी वह बीच धारा में बहती हुई डोंगी को देखने लगती। खेनेवाला जिधर जा रहा है उधर देखता ही नहीं। उलटे बैठकर डाँड़ चला रहा है। कहाँ जाना है, इसकी उसे चिन्ता नहीं।

सहसा शैलनाथ ने आकर पूछा- "मुझे क्यों बुलाया है?"

"बैठ जाओ।"

शैलनाथ पास ही बैठ गया। सरला ने कहा-"अब तुम नहीं छिप सकते। तुम्हीं मेरे पति हो, तुम्हीं से मेरा बाल-विवाह हुआ था, एक दिन चाची के बिगड़ने पर सहसा घर से निकलकर कहीं चले गये, फिर न लौटे। हम लोग आजकल अनेक तीर्थों में तुम्हें खोजती हुई भटक रही हैं। तुम्हीं मेरे देवता हो; तुम्हीं मेरे सर्वस्व हो। कह दो-हाँ!"

सरला जैसे उन्मादिनी हो गई है। यौवन की उत्कण्ठा उसके बदन पर बिखर रही थी। प्रत्येक अंग में अँगड़ाई, स्वर में मरोर, शब्दों में वेदना का सञ्चार था। शैलनाथ ने देखा, कुमुदों से प्रफुल्लित शरत्काल के ताल-सा भरा यौवन। सर्वस्व लुटाकर चरणों में लोट जाने के योग्य सौन्दर्य-प्रतिमा। मन को मचला देनेवाला विभ्रम, धैर्य को हिलानेवाली लावण्यलीला। वक्षस्थल में हृदय जैसे फैलने लगा। वह 'हाँ' कहने ही को था परन्तु सहसा उसके मुँह से निकल पड़ा- "यह सब तुम्हारा भ्रम है। भद्रे! मुझे हृदय के साथ ही मस्तिष्क भी है।"

"गंगाजल छूकर बोल रहे हो! फिर से सच कहो!"

युवक ने देखा, गोधूलि-मलिना-जाह्नवी के जल में सरला के उज्ज्वल रूप की छाया चन्द्रिका के समान पड़ रही है। गंगा का उतना अंश मुकुट-सदृश धवल था। उसी में अपना मुख देखते हुए

शैलनाथ ने कहा- "भ्रम है सुन्दरी, तुम्हें पाप होगा।"

"हाँ, परन्तु वह पाप, पुण्य बनने के लिये उत्सुक है।"

"मैं जाता हूँ। सरला, तुम्हें रूप की छाया ने भ्रान्त कर दिया है। अभागों को सुख भी दुःख ही देता है। मुझे और कहीं आश्रय खोजना पड़ा।"

शैलनाथ उठा और चला गया।

विमूढ़ सरला कुछ न बोल सकी। वह क्षोभ और लज्जा से गड़ी जाने लगी। क्रमश: घनीभूत रात में सरला के रूप की छाया भी विलीन हो गई।

ज्योतिष्मती

तामसी रजनी के हृदय में नक्षत्र जगमगा रहे थे। शीतल पवन की चादर उन्हें ढँक लेना चाहती थी, परन्तु वे निविड़ अन्धकार को भेदकर निकल आये थे, फिर यह झीना आवरण क्या था!

बीहड़, शैल-संकुल वन्य-प्रदेश, तृण और वनस्पतियों से घिरा था। वसंत की लताएँ चारों ओर फैली हुई थीं। हिमदान की उच्च उपत्यका प्रकृति का एक सजीव, गम्भीर और प्रभावशाली चित्र बनी थी!

एक बालिका, सूक्ष्म कँवल-वासिनी सुन्दरी बालिका चारों ओर देखती हुई चुपचाप चली जा रही थी। विराट् हिमगिरि की गोद में वह शिशु के समान खेल रही थी। बिखरे हुए बालों को सम्हाल कर उन्हें वह बार-बार हटा देती थी और पैर बढ़ाती हुई चली जा रही थी। वह एक क्रीड़ा-सी थी। परन्तु सुप्त हिमाञ्चल उसका चुम्बन न ले सकता था। नीरव प्रदेश उस सौन्दर्य से आलोकित हो उठता था। बालिका न जाने क्या खोजती चली जाती थी। जैसे शीतल जल का एक स्वच्छ सोता एकाग्र मन से बहता जाता हो।

बहुत खोजने पर भी उसे वह वस्तु न मिली, जिसे वह खोज रही थी। सम्भवत: वह स्वयं खो गई। पथ भूल गया, अज्ञात प्रदेश में जा निकली। सामने निशा की निस्तब्धता भंग करता हुआ एक निर्झर कलरव कर रहा था। सुन्दरी ठिठक गई। क्षण भर के लिए तमिस्रा की गम्भीरता ने उसे अभिभूत कर लिया। हताश होकर शिला-खण्ड पर बैठ गई।

वह श्रान्त हो गयी थी। नील निर्झर का तम-समुद्र में संगम, एकटक वह घण्टों देखती रही। आँखें ऊपर उठतीं, तारागण झलझला जाते थे। नीचे निर्झर छलछलाता था। उसकी जिज्ञासा का कोई स्पष्ट उत्तर न देता। मौन प्रकृति के देश में न स्वयं कुछ कह सकती और न उनकी बात समझ में आती। अकस्मात् किसी ने पीठ पर हाथ रख दिया। वह सिहर उठी, भय का सञ्चार हो गया। कम्पित स्वर से बालिका ने पूछा, "कौन?"

"यह मेरा प्रश्न है। इस निर्जन निशीथ में जब सत्व विचरते हैं, दस्यु घूमते हैं, तुम यहाँ कैसे?" गम्भीर कर्कश कण्ठ से आगन्तुक ने पूछा।

सुकुमारी बालिका सत्वों और दस्युओं का स्मरण करते ही एक बार काँप उठी। फिर सम्हल कर बोली-

"मेरी वह नितान्त आवश्यकता है। वह मुझे भय ही सही, तुम कौन हो?"

"एक साहसिक-" "साहसिक और दस्यु तो क्या, सत्व भी हो, तो उसे मेरा काम करना होगा।"

"बड़ा साहस है! तुम्हें क्या चाहिए, सुन्दरी? तुम्हारा नाम क्या है?"

"वनलता!"

"बूढ़े वनराज, अन्धे वनराज की सुन्दरी बालिका वनलता?"

"हाँ।"

"जिसने मेरा अनिष्ट करने में कुछ भी उठा न रखा, वही वनराज!" क्रोध-कम्पित स्वर से आगन्तुक ने कहा।

"मैं नहीं जानती, पर क्या तुम मेरी याचना पूरी करोगे?"

शीतल प्रकाश में लम्बी छाया जैसे हँस पड़ी और बोली- "मैं तुम्हारा विश्वस्त अनुचर हूँ। क्या चाहती हो, बोलो?"

"पिताजी के लिए ज्योतिष्मती चाहिये।"

"अच्छा चलो, खोजें।" कहकर आगन्तुक ने बालिका का हाथ पकड़ लिया। दोनो बीहड़ वन में घुसे। ठोकरें लग रही थीं। अँगूठे क्षत-विक्षत थे। साहसिक की लम्बी डगों के साथ बालिका हाँफती हुई चली जा रही थी।

सहसा साथी ने कहा-"ठहरो, देखो, वह क्या है?"

श्यामा सघन, तृण-संकुल शैल-मण्डप पर हिरण्यलता तारा के समान फूलों से लदी हुई मन्द मारुत से विकम्पित हो रही थी। पश्चिम में निशीथ के चतुर्थ प्रहर में अपनी स्वल्प किरणों से चतुदर्शी का चन्द्रमा हँस रहा था। पूर्व प्रकृति अपने स्वप्न-मुकुलित नेत्रों को आलस से खोल रही थी। वनलता का वदन सहसा खिल उठा। आनन्द से हृदय अधीर होकर नाचने लगा। वह बोल उठी-"यही तो है।"

साहसिक अपनी सफलता पर प्रसन्न होकर आगे बढ़ाना चाहता था कि वनलता ने कहा-"ठहरो, तुम्हें एक बात बतानी होगी।"

"वह क्या है?"

"जिसे तुमने कभी प्यार किया हो, उससे कोई आशा तो नहीं रखते?"

"सुन्दरी! पुण्य की प्रसन्नता का उपभोग न करने से वह पाप हो जायगा।"

"तब तुमने किसी को प्यार किया है?"

"क्यों? तुम्हीं को!" कहकर आगे बढ़ा!

"सुनो, सुनो; जिसने चन्द्रशालिनी ज्योतिष्मती रजनी के चारों पहर कभी बिना पलक लगे प्रिय की निश्छल चिन्ता में न बिताये हों, उसे ज्योतिष्मती न छूनी चाहिए। इसे जंगल के पवित्र प्रेमी ही छूते हैं, ले आते हैं, तभी इसका गुण...."

वनलता की इन बातों को बिना सुने हुए वह बलिष्ठ युवक अपनी तलवार की मूँठ दृढ़ता से पकड़ कर वनस्पति की ओर अग्रसर हुआ।

बालिका छटपटा कर कहने लगी-"हाँ-हाँ, छूना मत, पिता जी की आँखें, आह!" तब तक साहसिक लम्बी छाया ने ज्योतिष्मती पर पड़ती हुई चन्द्रिका को ढँक लिया। वह एक दीर्घ निश्वास फेंककर जैसे सो गई। बिजली के फूल मेघ में विलीन हो गये। चन्द्रमा खिसककर पश्चिमी शैल-माला के नीचे जा गिरा।

वनलता-झंझावात से भग्न होते हुए वृक्ष की वनलता के समान वसुधा का आलिंगन करने लगी और साहसिक युवक के ऊपर कालिमा की लहर टकराने लगी।

रमला

साजन के मन में नित्य वसन्त था। वही वसन्त जो उत्साह और उदासी का समझौता कराता, वह जीवन के उत्साह से कभी विरत नहीं, न-जाने कौन-सी आशा की लता उसके मन में कली लेती रहती। तिस पर भी उदासीन साजन उस बड़ी-सी झील के तट पर, प्राय: निश्चेष्ट अजगर की तरह पड़ा रहता। उसे स्मरण नहीं, कब से वहाँ रहता था। उसका सुन्दर सुगठित शरीर बिना देख-रेख के अपनी इच्छानुसार मलिनता में भी चमकता रहता। उस झील का वह एकमात्र स्वामी था, रक्षक था, सखा था।

शैलमाला की गोद में वह समुद्र का शिशु कलोल करता, उस पर से अरुण की किरणें नाचती हुईं, अपने को शीतल करती चली जातीं। मध्यान्ह में दिवस ठहर जाता-उसकी लघु वीचियों का कम्पन देखने के लिए। सन्ध्या होते, उसके चारों ओर के वृक्ष अपनी छाया के अञ्चल में छिपा लेना चाहते; परन्तु उसका हृदय उदार था, मुक्त था, विराट था। चाँदनी उसमें अपना मुँह देखने लगती और हँस पड़ती।

और साजन! वह भी अपने निर्जन सहचर का उसके शान्त सौन्दर्य में अभिनन्दन करता। हुलस कर उसमें कूद पड़ता, यही उसका स्नेहातिरेक था।

साजन की साँसें उसकी लहरियों से स्वर-सामञ्जस्य बनाये रहतीं। यह झील उसे खाने के लिए कमलगट्टे देती, सिंघाड़े देती, कोईबेरा, और भी कितनी वस्तु बिखेरती। वही साजन की गृहिणी थी, स्नेहमयी, कभी-कभी वह उसे पुकार उठता, बड़े उल्लास से बुलाता-'रानी!' प्रतिध्वनि होती, ई-ई-ई। वह खिलखिला उठता, आँखें विकस जातीं, रोएँ-रोएँ हँसने लगते। फिर सहसा वह अपनी उदासी में डूब जाता, तब तारा छाई रात उस पर अपना श्याम अञ्चल डाल देती। कभी-कभी वृक्ष की जड़ से ही सिर लगाकर सो रहता।

ऐस ही कितने बरस बीत गये।

उधर पशु चराने के लिए गोप-बालक न जाते। दूर-दूर के गाँव में यह विश्वास था कि रमला झील पर कोई जलदेवता रहता है। उधर कोई झाँकता भी नहीं। वह संसर्ग से वञ्चित देश अपनी विभूति में अपने ही मस्त था।

रमला भी बड़ी ढीठ थी। वह गाँव-भर में सबसे चञ्चल लडक़ी थी। लडक़ी क्यों, वह युवती हो चली थी। उसका ब्याह नहीं हुआ था; वह अपनी जाति भर में सबसे अधिक गोरी थी, तिस पर भी उसका नाम पड़ गया था रमला! वह ऐसी बाधा थी कि ब्याह होना असम्भव हो गया। उसमें सबसे बड़ा दोष यह था कि वह बड़े-बड़े लडक़ों को भी उनकी ढिठाई पर चपत लगाकर हँस देती थी। झील के दक्षिण की पहाड़ी से कोसों दूर पर उसका गाँव था।

मञ्जल भी कम दुष्ट न था, वह प्राय: रमला को चिढ़ाया करता। उसने सब लडक़ों से सलाह की- "रमला की पहाड़ी पर चला जाय।"

बालक इकट्ठे हुए। रमला भी आज पहाड़ी पर पशु चराने को ठहरी। सब चढ़ने लगे; परन्तु रमला सबके पहले थी। सबसे ऊँची चोटी पर खड़ी होकर उसने कहा-"लो, मैं सबके आगे ही पहुँची,"- कहकर पास के लड़के को चपत लगा दी।

मञ्जल ने कहा-"उधर तो देखो! वह क्या है?"

रमला ने देखा सुन्दर झील! वह उसे देखने में तन्मय हो गई थी। प्रतिहिंसा से भरे हुए लड़के ने एक हल्का-सा धक्का दिया, यद्यपि वह उसके परिणाम से पूरी तरह परिचित नहीं था; फिर भी रमला को तो कष्ट भोगने के लिए कोई रुकावट न थी। वह लुढ़क चली, जब तक एक झाड़ को पकड़ती और वह उखड़कर गिरता, तब तक दूसरे पत्थर का कोना उसे चोट पहुँचाने पर अवलम्ब दे ही देता; किन्तु पतन रुकना असम्भव था। वह चोट खाते-खाते नीचे आ ही पड़ी। बालक गाँव की ओर भगे। रमला के घरवालों ने भी सन्तोष कर लिया।

साजन कभी-कभी रमला झील की फेरी लगाता। वह झील कई कोस में थी। जहाँ स्थल-पथ का पहाड़ी की बीहड़ शिलाओं से अन्त हो जाता, वहाँ वह तैरने लगता। बीच-बीच में उसने दो-एक स्थान विश्राम के लिए बना लिये थे; वह स्थान और कुछ नहीं; प्राकृतिक गुहायें थीं। उसने दक्षिण की पहाड़ी के नीचे पहुँचकर देखा, एक किशोरी जल में पैर लटकाये बैठी है।

वह आश्चर्य और क्रोध से अपने होंठ चबाने लगा; क्योंकि एक गुफा वहीं पर थी। अब साजन क्या करे! उसने पुष्ट भुजा उठाकर दूर से पूछा-"तुम कौन? भागो।"

रमला एक मनुष्य की आकृति देखते ही प्रसन्न हो गई, हँस पड़ी। बोली- "मैं हूँ, रमला!"

"रमला! रमला रानी।"

"रानी नहीं, रमला।"

"रमला नहीं, रानी कहो, नहीं पीटूँगा, मेरी रानी!"-कहकर साजन झील की ओर देखने लगा।

"अच्छा, अच्छा, रानी! तुम कौन हो?"

"मैं साजन, रानी का सहचर।"

"तुम सहचर हो? और मैं यहाँ आई हूँ, तुम मेरा कुछ सत्कार नहीं करते?"-हँसोड़ रमला ने कहा।

"आओ तुम!"-कहकर विस्मय से साजन उस किशोरी की ओर देखने लगा।

"हाँ मैं, तुम बड़े दुष्ट हो साजन! कुछ खिलाओ, कहाँ रहते हो? वहीं चलूँ।"

साजन घबराया, उसने देखा कि रमला उठ खड़ी हुई। उसने कहा-तैरकर चलना होगा, आगे पथ नहीं है।

वह कूद पड़ी और राजहंसी के समान तैरने लगी। साजन क्षणभर तक उस सुन्दर सन्तरण को देखता रहा। उसकी दृष्टि का यह पहला महोत्सव था। उसे भी तो तैरने का विनोद था न। मन का विरोध उन लहरों के आन्दोलन से घुलने लगा, अनिच्छा होने पर भी वह साथ देने के लिए कूद पड़ा। दोनों साथ-साथ तैर चले।

बहुत दिन बीत गये। रमला और साजन एकत्र रहने पर भी अलग थे। रमला का सब उत्साह उस एकान्त नीरवता में धीरे-धीरे विलीन हो चला।

वह ऊब चली। उसकी गुफा में ढेर-के-ढेर कमलगट्टे फल पड़े रहते, उसे उन सब पदार्थों से वितृष्णा हो चली। साजन पालतू पशु के समान अपनी स्वामिनी से आज्ञा की अपेक्षा करता; परन्तु रमला का उत्साह तो उस बन्दीगृह से भाग जाने के लिए उत्सुक था।

साजन ने एक दिन पूछा- "क्या ले आऊँ?"

"कुछ नहीं।"

"कुछ नहीं? क्यों?"

"मैं अब जाऊँगी?"

"कहाँ?"

"जिधर जा सकूँगी।"

"तब यहीं क्यों नहीं रहती हो?"-अचानक साजन ने कहा।

रमला कुछ न बोली। उस झील पर रात आई, अपना जगमगाता चँदवा तानकर विश्राम करने लगी। रमला अपनी गुफा में सोने चली गई और साजन अपनी गुफा के पास बैठा एकटक रजनी का सौन्दर्य देखने लगा। आज जैसे उसे स्मृति हुई- रमला के आ जाने से वह जिस बात को भूल गया था, उसके अन्तर की वही भावना जाग उठी। साजन पुकार उठा-'रानी!' बहुत दिन के बाद उस झील की पहाड़ियाँ प्रतिध्वनि से मुखरित हो उठीं- ई-ई-ई।

रमला चौंक कर जाग पड़ी। बाहर चली आई। उसने देखा, साजन झील की ओर मुँह किये पुकार रहा है-'रानी!' रानी!'-उसका कण्ठ गद्गद है। चाँदनी आज निखर पड़ी थी। रमला ने सुना। साजन के स्वर में रुदन था। व्याकुलता थी; रमला ने उसके कन्धे पर हाथ रख दिया-साजन सिहर उठा। उसने कहा-"कौन, रमला!"

"रमला नहीं-रानी।"

साजन विस्मय से देखने लगा। उसने पूछा-"तुम रानी हो?"

"हाँ, मुझी को तो तुम पुकारते थे न?"

"तुम्हीं ... तुम्हीं ... हाँ, तुम्हीं को तो, मेरी प्यारी रानी!"

दोनो ने देखा, आकाश के नक्षत्र रमला-झील में डुबकियाँ ले रहे थे, और खिलखिला रहे थे।

कितना समय बीत गया-

साजन की सब सोई वासनायें जाग उठीं-भूले हुए पाठ की तरह अच्छे गुरु के सामने स्मरण होने लगी थीं!

उसे अब शीत लगने लगा-रमला के कपड़ों की आवश्यकता वह स्वयं अनुभव करने लगा।

अकस्मात् एक दिन रमला ने कहा-"चलो, कहीं घूम आवें।"

साजन ने भी कह दिया-"चलो।"

वही गिरिपथ, जिसने बहुत दिनों से मुनष्य का पद-चिह्न भी नहीं देखा था-साजन और रमला के पैर चूमने लगा। दोनों उसे रौंदते चले गये।

रमला अपनी फटी साड़ी में लिपटी थी और साजन वल्कल बाँधे था। वे दरिद्र थे पर उनके मुख पर एक तेज था। वे जैसे प्राचीन देवकथाओं के कोई पात्र हों। सन्ध्या हो गयी थी-गाँव का जमींदार का प्रांगण अभी सूना न था। जमींदार भी बिल्कुल युवक था। उसे इस जोड़े को देखकर कुतूहल हुआ। उसने वस्त्र और भोजन की व्यवस्था करके उन्हें टिकने की आज्ञा दे दी।

प्रातः आँखें खोल रहा था। किसान अपने खेतों में जाने की तैयारी में थे। रमला उठ बैठी थी, पास ही साजन पड़ा सो रहा था। कपड़ों की गरमी उसे सुख में लपेटे थी। उसे कभी यह आनन्द न मिला था। कितने ही प्रभात रमला झील के तट उस नारी ने देखे। किन्तु यह गाँव का दृश्य उसके मन में सन्देह, कुतूहल, आशा भर रहा था। युवक जमींदार अपने घोड़े पर चढ़ना ही चाहता था कि उसकी दृष्टि मलिन, वस्त्र में झांकती हुई दो आँखों पर पड़ी। वह पास आ गया, पूछने लगा-"तुम लोगों को कोई कष्ट तो नहीं हुआ?"

"नहीं"-कहते हुए रमला ने अपने सिर का कपड़ा हटा दिया और युवक को आश्चर्य से देखने लगी। युवक घबड़ाकर बोला-"कौन? रमला?"

"हाँ, मझ्ज़ल!"

युवक की साँस भारी हो चली।

उसने कहा-"रमला, मुझे क्षमा करो, मैंने तुम्हें..."

"हाँ, धक्का देकर गिरा दिया था। तब भी मैं बच गई।"

युवक ने सोये हुए मनुष्य की ओर देखकर पूछा-"वह तुम्हारा कौन है?"

रमला ने रुकते हुए उत्तर दिया-"मेरा-कोई नहीं।"

"तब भी, यह है कौन?"

"रमला झील का जल-देवता।"

युवक एक बार झनझना गया।

उसने पूछा-"तुम क्या फिर चली जाओगी, रमला?"-उसके कण्ठ में बड़ी कोमलता थी।

"तुम जैसा कहो"-रमला जैसे बेबसी से बोली।

युवक-"अच्छा, जाओ पहले नहा-धो लो"-कहता हुआ घोड़े पर चढ़क़र चला गया। रमला सलज्ज उठी-गाँव की पोखरी की ओर चली।

उसके जाते ही साजन जैसे जग पड़ा। एक बार अँगड़ाई ली और उठ खड़ा हुआ। जिस पथ से आया था, उससे लौटने लगा।

गोधूलि थी और वही उदास रमला झील! साजन थका हुआ बैठा था। आज उसके मन में, न-जाने कहाँ का स्नेह उमड़ा था। प्रशान्त रमला में एक चमकीला फूल हिलने लगा; साजन ने आँख उठाकर देखा-पहाड़ी की चोटी पर एक तारिका रमला के उदास भाल पर सौभाग्यचिह्न-सी चमक उठी। देखते-देखते रमला का वक्ष नक्षत्रों के हार से सुशोभित हो उठा।

साजन ने उल्लास से पुकारा-"रानी!"

बिसाती

उद्यान की शैल-माला के नीचे एक हरा-भरा छोटा-सा गाँव है। वसन्त का सुन्दर समीर उसे आलिंगन करके फूलों के सौरभ से उसके झोपड़ों को भर देता है। तलहटी के हिम-शीतल झरने उसको अपने बाहुपाश में जकड़े हुए हैं। उस रमणीय प्रदेश में एक स्निग्ध-संगीत निरन्तर चला करता है, जिसके भीतर बुलबुलों का कलनाद, कम्प और लहर उत्पन्न करता है।

दाड़िम के लाल फूलों की रँगीली छाया सन्ध्या की अरुण किरणों से चमकीली हो रही थी। शीरीं उसी के नीचे शिलाखण्ड पर बैठी हुई सामने गुलाबों की झुरमुट देख रही थी, जिसमें बहुत से बुलबुल चहचहा रहे थे, वे समीरण के साथ छूल-छुलैया खेलते हुए आकाश को अपने कलरव से गुञ्जित कर रहे थे।

शीरीं ने सहसा अवगुण्ठन उलट दिया। प्रकृति प्रसन्न हो हँस पड़ी। गुलाबों के दल में शीरीं का मुख राजा के समान सुशोभित था। मकरन्द मुँह में भरे दो नील-भ्रमर उस गुलाब से उड़ने में असमर्थ थे, भौंरों के पद पर निस्पन्द थे। कँटीली झाड़ियों की कुछ परवा न करते हुए बुलबुलों का उसमें घुसना और उड़ भागना शीरीं तन्मय होकर देख रही थी।

उसकी सखी जुलेखा के आने से उसकी एकान्त भावना भंग हो गई। अपना अवगुण्ठन उलटते हुए जुलेखा ने कहा-"शीरीं! वह तुम्हारे हाथों पर आकर बैठ जानेवाला बुलबुल, आज-कल नहीं दिखलाई देता?"

आह खींचकर शीरीं ने कहा-"कड़े शीत में अपने दल के साथ मैदान की ओर निकल गया। वसन्त तो आ गया पर वह नहीं लौट आया।"

"सुना है कि ये सब हिन्दुस्तान में बहुत दूर तक चले जाते हैं। क्या यह सच है, शीरीं?"

"हाँ प्यारी! उन्हें स्वाधीन विचरना अच्छा लगता है। इनकी जाति बड़ी स्वतन्त्रता-प्रिय है।"

"तूने अपनी घँघराली अलकों के पाश में उसे क्यों न बाँध लिया?"

"मेरे पाश उस पक्षी के लिए ढीले पड़ जाते थे।"

"अच्छा लौट आवेगा-चिन्ता न कर। मैं घर जाती हूँ।" शीरीं ने सिर हिला दिया।

जुलेखा चली गई।

जब पहाड़ी आकाश में सन्ध्या अपने रंगीले पट फैला देती, जब विहंग केवल कलरव करते पंक्ति बाँधकर उड़ते हुए गुञ्जान झाड़ियों की ओर लौटते और अनिल में उनके कोमल परों से लहर उठती, जब समीर अपनी झोंकेदार तरंगों में बार-बार अन्धकार को खींच लाता, जब गुलाब अधिकाधिक सौरभ लुटाकर हरी चादर में मुँह छिपा लेना चाहते थे; तब शीरीं की आशा-भरी दृष्टि कालिमा से अभिभूत होकर पलकों में छिपने लगी। वह जागते हुए भी एक स्वप्न की कल्पना करने लगी।

हिन्दुस्तान के समृद्धिशाली नगर की गली में एक युवक पीठ पर गट्टर लादे घूम रहा है। परिश्रम और अनाहार से उसका मुख विवर्ण है। थककर वह किसी के द्वार पर बैठ गया है। कुछ बेचकर उस

दिन की जीविका प्राप्त करने की उत्कण्ठा उसकी दयनीय बातों से टपक रही है। परन्तु वह गृहस्थ कहता है-"तुम्हें उधार देना हो तो दो, नहीं तो अपनी गठरी उठाओ। समझे आगा?"

युवक कहता है-"मुझे उधार देने की सामर्थ्य नहीं।"

"तो मुझे भी कुछ नहीं चाहिए।"

शीरीं अपनी इस कल्पना से चौंक उठी। काफिले के साथ अपनी सम्पत्ति लादकर खैबर के गिरि-संकट को वह अपनी भावना से पदाक्रान्त करने लगी।

उसकी इच्छा हुई कि हिन्दुस्तान के प्रत्येक गृहस्थ के पास हम इतना धन रख दें कि वे अनावश्यक होने पर भी उस युवक की सब वस्तुओं का मूल्य देकर उसका बोझ उतार दें। परन्तु सरला शीरीं निस्सहाय थी। उसके पिता एक क्रूर पहाड़ी सरदार थे। उसने अपना सिर झुका लिया। कुछ सोचने लगी।

सन्ध्या का अधिकार हो गया। कलरव बन्द हुआ। शीरीं की साँसों के समान समीर की गति अवरुद्ध हो उठी। उसकी पीठ शिला से टिक गई।

दासी ने आकर उसको प्रकृतिस्थ किया। उसने कहा-"बेगम बुला रही हैं। चलिए, मेंहदी आ गई है।"

महीनों हो गये। शीरीं का ब्याह एक धनी सरदार से हो गया। झरने के किनारे शीरीं के बाग में शवरी खींची है। पवन अपने एक-एक थपेड़े में सैकड़ों फलों को रुला देता है। मधु-धारा बहने लगती है। बुलबुल उसकी निर्दयता पर क्रन्दन करने लगते हैं। शीरीं सब सहन करती रही। सरदार का मुख उत्साहपूर्ण था। सब होने पर भी वह एक सुन्दर प्रभात था।

एक दुर्बल और लंबा युवक पीठ पर गट्टुर लादे सामने आकर बैठ गया। शीरीं ने उसे देखा पर वह किसी ओर देखता नहीं। अपना सामान खोलकर सजाने लगा।

सरदार अपनी प्रेयसी को उपहार देने के लिए काँच की प्याली और काश्मीरी सामान छाँटने लगा।

शीरीं चुपचाप थी, उसके हृदय-कानन में कलरवों का क्रन्दन हो रहा था। सरदार ने दाम पूछा। युवक ने कहा-"मैं उपहार देता हूँ। बेचता नहीं। ये विलायती और काश्मीरी मैंने चुनकर लिये हैं। इनमें मूल्य ही नहीं, हृदय भी लगा है। ये दाम पर नहीं बिकते।"

सरदार ने तीक्ष्ण स्वर में कहा-"तब मुझे न चाहिए। ले जाओ- उठाओ।"

"अच्छा, उठा ले जाऊँगा। मैं थका हुआ आ रहा हूँ, थोड़ा अवसर दीजिए, मैं हाथ-मुँह धो लूँ।" कहकर युवक भरभराई हुई आँखों को छिपाते, उठ गया।

सरदार ने समझा, झरने की ओर गया होगा। विलम्ब हुआ पर वह न आया। गहरी चोट और निर्मम व्यथा को वहन करते कलेजा हाथ से पकड़े हुए, शीरीं गुलाब की झाड़ियों की ओर देखने लगी। परन्तु उसकी आँसू-भरी आँखों को कुछ न सूझता था। सरदार ने प्रेम से उसकी पीठ पर हाथ रखकर पूछा- "क्या देख रही हो?"

"मेरा एक पालतू बुलबुल शीत में हिन्दुस्तान की ओर चला गया था। वह लौटकर आज सवेरे दिखलाई पड़ा, पर जब वह पास आ गया और मैंने पकड़ना चाहा, तो वह उधर कोहकाफ की ओर भाग गया!"-शीरीं के स्वर में कम्पन था, फिर भी वे शब्द बहुत सम्भलकर निकले थे। सरदार ने हँसकर कहा-"फूल को बुलबुल की खोज? आश्चर्य है!"

बिसाती अपना सामान छोड़ गया। फिर लौटकर नहीं आया। शीरीं ने बोझ तो उतार लिया, पर दाम नहीं दिया।

Lector House believes that a society develops through a two-fold approach of continuous learning and adaptation, which is derived from the study of classic literary works spread across the historic timeline of literature records. Therefore, we aim at reviving, repairing and redeveloping all those inaccessible or damaged but historically as well as culturally important literature across subjects so that the future generations may have an opportunity to study and learn from past works to embark upon a journey of creating a better future.

This book is a result of an effort made by Lector House towards making a contribution to the preservation and repair of original ancient works which might hold historical significance to the approach of continuous learning across subjects.

HAPPY READING & LEARNING!

LECTOR HOUSE LLP
E-MAIL: lectorpublishing@gmail.com